Ewald · Werbung für Einsteiger

Werbung für Einsteiger

von

Christina Ewald

3., aktualisierte und ergänzte Auflage

Haufe Verlagsgruppe

Freiburg · Berlin · München

Die Deutsche Bibliothek – CIP-Einheitsaufnahme

Ewald, Christina:
Werbung für Einsteiger / von Christina Ewald. --
3., aktualisierte und erg. Aufl. – Freiburg i. Br.; Berlin;
München : Haufe, 1999
    ISBN 3-448-03909-8

ISBN 3-448-03909-8   Best.-Nr. 00023
1. Auflage 1994 (ISBN 3-448-03167-4)
2., aktualisierte und erweiterte Auflage 1997 (ISBN 3-448-03561-0)
3., aktualisierte und ergänzte Auflage 1999

© Rudolf Haufe Verlag GmbH & Co. KG, Freiburg i. Br. 1999

Lektorat: Dipl.-Betriebswirtin Jutta Overmann,
Dipl.-Kff. Kathrin Menzel-Salpietro

Umschlagentwurf: Look Graphics, Jiri Zrubecky
Satz und Druck: F. X. Stückle, Ettenheim

Vorwort

Tagtäglich gehen in diesem unserem Land schöne Träume zugrunde. Die Träume von Menschen, die sich voller Enthusiasmus an den Aufbau einer eigenen Existenz gemacht haben.

Allen gemeinsam ist ein Traum – sei es vom großen Geld oder vom Beruf, der Spaß macht. Der größte Teil dieser Jungunternehmer muß innerhalb der ersten Jahre seinen Traum wieder begraben. Die allermeisten hatten eben nicht das Geld im Hintergrund, sondern den Optimismus im Herzen. Und der reichte leider nicht aus, um die schwere Anlaufzeit zu überstehen.

Das wichtigste Mittel, diese Anlaufzeit so kurz wie möglich zu halten, ist die Werbung. Oder um diesen ungeheuer fachmännischen Ausdruck zu verwenden: Marketing! Man kann gegen Werbung und ihre Auswirkungen sagen, was man will: Sie ist nun mal der Weg, Menschen auf die wunderbaren Ideen eines aufstrebenden Jungunternehmers aufmerksam zu machen.

Das Produkt, das sich von alleine verkauft (und natürlich Millionengewinne verspricht), gibt es in unserer real existierenden Marktwirtschaft nicht.

Also muß jeder nach der für sein Unternehmen geeigneten Art, sein Produkt zu verkaufen, suchen. Viele Nachwuchs-Geschäftsleute sehen bei dem Wort „Werbung" nur die Geldscheine stapelweise aus der Kasse herausfliegen – und sparen dann bis zur Verweigerung.

Es gibt einen schönen Spruch zu diesem Thema: Nicht zu werben, um Geld zu sparen, ist wie eine Uhr anzuhalten, um Zeit zu sparen.

In dieser 3. Auflage entführen wir Sie auch in die schöne neue Welt des Internet: In einem eigenen Kapitel erfahren Sie, wann sich der Einstieg in die Werbung im Internet lohnt und was Sie dabei beachten müssen. Außerdem finden Sie zu einigen Themen im Buch interessante Internet-Adressen, die Ihnen weiterführende Informationen geben.

Generell werden Sie in diesem Buch noch schneller zu allen wichtigen Informationen kommen. Das Symbol ![!] weist Sie auf andere Kapitel hin, die ebenfalls mit dem Thema, über das Sie gerade lesen, zu tun haben.

Also, liebe Interessierte und engagierte Jungunternehmer, folgen Sie uns in die Welt der Werbung. Unsere Safari soll Sie auch auf unbekannte Pfade führen, z.B. zu sehr wirkungsvollen Werbemaßnahmen, die kaum etwas kosten, außer Zeit.

Mainz, im Januar 1999   *Christina Ewald*

Inhaltsverzeichnis

Teil I
Komponenten
Ihrer Werbung

Die Suche nach der optimalen Werbung

Das erste, was dem dynamischen Jungunternehmer beim Thema Werbung einfällt sind: *Anzeigen*.

Anzeigen begegnen einem täglich, sie sind bekannt, und so macht es jeder. Und was alle machen, kann doch nicht verkehrt sein, oder? Kann es doch – muß es aber nicht!

Anzeigen wirken so anziehend, weil sie so einfach aussehen: Zeitungen sind vertraut, und ein bißchen Text mit vielleicht einem netten Foto dazu werden wir doch noch zusammenkriegen …? Die meisten Kleinanzeigen sehen dann auch aus, als wären sie genau nach diesem Prinzip entstanden.

„Sie haben gut reden", sagen Sie vielleicht jetzt empört, „wenn mein Geschäft erst mal richtig läuft, habe ich selbstverständlich auch das passende Werbebudget, um mir erstklassige Fachleute für so etwas zu leisten! Aber eben erst dann!"

Das Problem ist, daß Sie genau diese erstklassige Werbung *jetzt* brauchen, *um* den gewünschten Erfolg zu bekommen.

Es gilt also, auch einmal rechts und links der Anzeigen einen Blick in die aufregende Welt der Werbung zu werfen, um herauszufinden, wie Sie Ihr begehrtes Werbebudget optimal ausnutzen.

Für die Entscheidung, welche Art der Werbung für Sie die effizienteste ist, sind zwei Voraussetzungen nötig: Sie müssen die verschiedenen Möglichkeiten überhaupt erst mal kennenlernen, und Ihnen sollten die Kriterien, nach denen das Angebot beurteilt wird, vertraut sein.

Schauen wir uns zunächst die Ziele an, die Sie mit Ihrer Werbung verfolgen:

Ihre Werbung muß

– Aufmerksamkeit erregen,
– Interesse wecken und halten,
– Ihre Botschaft deutlich rüberbringen,
– eine positive Haltung zu Ihrem Unternehmen bzw. zu Ihren Produkten vermitteln,
– Bedarf erzeugen,
– eine von Ihnen gewünschte Handlung auslösen.

Fehlt Ihnen in dieser Aufstellung etwas? Könnte es sich dabei um das *Verkaufen* handeln, weil Werbung genau das erreichen muß, um sich bezahlt zu machen?

Diese Aufgabe kann Werbung – unmittelbar – nicht erfüllen. Außer bei Sonderformen, wo z. B. ein Bestellcoupon direkt in eine Anzeige integriert ist.

Werbung kann vieles bewirken. Das Spektrum bewegt sich zwischen der reinen Imagewerbung, mit der Ihr Name bekannt gemacht wird, über die Vorstellung Ihres Angebotes bis hin zum Anlocken der Kunden in Ihr Geschäft oder Büro.

Das eigentliche *Verkaufen* aber müssen *Sie* bewältigen, mit Ihrer Persönlichkeit und der Qualität Ihres Angebotes. Diese Tatsache ist wichtig, um Ihre Werbung und die Menschen, die Sie mit deren Gestaltung beauftragen, nicht zu überfordern.

Nun gilt es also, festzustellen, mit welchen Werbemöglichkeiten Sie Ihre Ziele am besten erreichen.

Das sieht auf den ersten Blick nach dem berühmten Vergleich zwischen Äpfeln und Birnen aus: Anzeigen oder Plakatwerbung, Werbebrief oder Funkspot – das sind doch ganz unterschiedliche Dinge!

Stimmt – aber mit ein paar bohrenden Fragen kommen Sie dahinter, daß es einige wichtige Kriterien gibt, nach denen alle Werbemöglichkeiten beurteilt werden können:

1. *Erreicht das Medium die Menschen, die Sie mit Ihrer Werbung ansprechen wollen?*

    Haben Sie ein Angebot für Jugendliche, dürfte z. B. eine Anzeige in der „Frankfurter Allgemeinen Zeitung" die falsche Wahl sein – kaum ein Teenie wird diese Zeitung lesen.

2. *Wie direkt erreichen Sie Ihre Zielgruppe?*

    Ihre Werbung wird meist auch von Menschen gesehen, die für Sie gar nicht interessant sind: Ihre Anzeige für ein Auto wird auch von Leuten ohne Führerschein wahrgenommen, das Plakat, mit dem Sie für Ihren Naturkostladen werben, sehen auch fanatische McDonalds-Anhänger. Die „Treffsicherheit" des Mediums ist deshalb ein wichtiger Anhaltspunkt, ob die Kosten sich für Sie rentieren.

3. *Wie hoch sind die Kosten pro potentiellem Kunden?*

Mit manchen Werbearten erreichen Sie nur wenige oder sogar nur einen Menschen (z. B. Werbebrief, Handzettel), mit anderen große Massen (Fernsehspot).

Diese Zahl der möglichen Kontakte mit Ihren potentiellen Kunden muß in ein Verhältnis zu den Kosten für diese Werbung gesetzt werden. Dann können Sie entscheiden, ob das „Preis/Leistungsverhältnis" für Ihre Anforderungen stimmt.

4. *Wie ist die Akzeptanz des Mediums bei den Personen, die Sie erreichen wollen?*

Klingt das ein wenig abgehoben? Ein Beispiel macht es deutlicher: Wenn Sie hochwertige Produkte, z. B. exklusive Wohnungseinrichtungen, verkaufen, sprechen Sie ein bestimmtes – finanzstarkes – Klientel an. Werben Sie nun mit einer Anzeige, weil es so schön billig ist, in Ihrem lokalen Anzeigenblättchen, stimmen Produkt und Umfeld nicht überein. Ihre Anzeige ist umgeben von Werbung für Billigflüge, Super-Sonderangebote und Restpostenverkäufe. Dieses Niveau wird automatisch auf Ihr Produkt übertragen, das Medium wird von Ihren potentiellen Kunden nicht akzeptiert.

5. *Wie groß ist die Ablenkung von Ihrer Botschaft durch das Umfeld?*

Je mehr sich Ihr Wunsch-Kunde auf Ihre Werbung konzentrieren kann, um so größer sind Ihre Chancen, daß er sich wirklich mit Ihrem Angebot befaßt. Im Umfeld von Dutzenden anderer, womöglich sogar noch gleichwertiger Angebote – etwa bei einer Kleinanzeige auf einer Kleinanzeigen-Seite – ist jede andere Anzeige Ablenkung und damit Konkurrenz für Sie. Bei einem Werbebrief z. B. ist dieses Verhältnis genau umgekehrt: Ihr Kunde hat jeweils nur einen Brief in der Hand; wenn die Werbung gut gemacht ist, wird er sich intensiv damit beschäftigen.

6. *Welche Gestaltungsmöglichkeiten bietet das Medium?*

Nicht jedes Produkt läßt sich in jedem Medium optimal darstellen. Die Klangqualität einer Musikkassette z. B. können Sie in einer Anzeige beschreiben, mit einem Funk- oder Fernsehspot vermitteln Sie aber das entscheidende Argument: Der Käufer kann sich mit eigenen Ohren vom Klang überzeugen.

7. *Läßt sich das Medium in dem gewünschten Zeitraum nutzen?*

Sofern Sie Ihre Werbung langfristig planen können, ist dieser Punkt unproblematisch. Sind für Sie aber zeitlich begrenzte Aktionen wichtig, weil Sie beispielsweise Restposten günstig verkaufen und immer bei aktuellen Lieferungen werben müssen, sieht das schon anders aus.

Gute Standorte für Plakattafeln müssen z.B. lange vorher gebucht werden, bei Funkspots erfordert schon die Produktionszeit einen gewissen Vorlauf.

Diese Kriterien, verbunden mit den besonderen Vorzügen und Nachteilen der verschiedenen Werbearten, geben eine gute Ausgangsbasis, um Ihr ganz persönliches Werbekonzept zusammenzustellen: so individuell wie Ihr Angebot. Schauen wir uns die verschiedenen Möglichkeiten doch einmal etwas genauer an ...

1 Täglich frisch auf den Tisch: Anzeigen

Das ist sicherlich das erste, was Ihnen einfallen wird, wenn Sie sich über die Werbung für Ihr Unternehmen Gedanken machen.

Und sollten Sie doch schon mindestens einmal geheiratet oder sonst ein Familienereignis veröffentlicht haben, wissen Sie bereits, wie schnell man mit Anzeigen Geld loswerden kann. Zumal Privatanzeigen noch erheblich günstiger sind, als gewerbliche.

Aber *jeder* wirbt doch in der Zeitung, werden Sie sagen. Damit haben Sie den vielgequälten Nagel auf den Kopf getroffen. *Weil* es *jeder* tut, ist es sehr schwer, sich zwischen den unzähligen Anzeigen zu behaupten. In der Tageszeitung einer 200 000-Einwohner-Stadt werden z. B. jedes Wochenende rund 5 000 Anzeigen geschaltet.

Berücksichtigen Sie die durchschnittliche Lesezeit von 30 Minuten für die gesamte Zeitung, dann haben Sie eine ziemlich genaue Vorstellung davon, was Ihre Anzeige leisten muß!

Aber Ihr Angebot ist doch so *ungewöhnlich!* Das wissen die potentiellen Kunden leider erst, wenn sie sich mit Ihrer Anzeige beschäftigt haben. Die Betonung liegt hier auf „wenn" …

Also heißt die Aufgabe, Ihre potentiellen Kunden dazu zu bringen, daß sie Ihre Anzeige überhaupt lesen. Eigentlich ist alles ganz einfach: Sie müssen nur in der Zeitung/Zeitschrift zum richtigen Zeitpunkt in der richtigen Größe mit dem richtigen Inhalt ein richtiges Inserat schalten!

Dazu fangen wir ganz von vorne mit der Frage „Was ist denn eigentlich eine Anzeige?" an.

Sehr grundsätzlich und wertneutral ist eine Anzeige die Möglichkeit, Menschen über Angebote zu informieren. In der guten alten friedlichen Zeit ohne Marktforschung und Konkurrenzbeobachtung, Marktanteile und Meinungsumfragen, lag der Schwerpunkt tatsächlich auf der Information.

Da gab es eben noch keine zehn Waschmittel, von denen jedes in Anspruch nimmt, noch weißer als die Konkurrenz zu waschen und monatlich mit einer absolut neuen Aktiv-Formel für die Super-Reinheit aufzuwarten. Heute steht neben der Information vor allem die Abgrenzung von den Mitbewerbern im Vordergrund. Es sei denn, Sie sind in der sehr unwahrscheinlichen Lage, ein absolut konkurrenzloses Produkt oder eine Dienstleistung auf den Markt zu bringen. Ihre erwartungsvollen Leser müssen also vor allem erfahren, warum sie ausgerechnet IHR Produkt (damit sind Ware und Dienstleistung gemeint) kaufen sollen. Allein diese wesentliche Voraussetzung wird schon von vielen Inserenten schlichtweg ignoriert. Das ist auch nicht verwunderlich: Wenn man selbst von der eigenen Idee überzeugt ist, fällt es schwer, die notwen-

*Nicht umsonst spricht man von dem Anzeigen**markt**. Genauso viel-
fältig und bunt (im übertragenen Sinn) wie ein Wochenmarkt ist die
Mischung auf den Kleinanzeigen-Seiten. Kein Wunder, daß es einiger
Anstrengungen bedarf, sich gegen diese Konkurrenz durchzusetzen.
Eine Erfahrung, die mancher heisere Marktschreier am Abend ge-
macht hat ...*

dige Distanz zu bewahren. Dazu mehr bei den Punkten Text und Gestaltung.

Befassen wir uns zunächst mit der Wahl der richtigen Zeitung oder Zeitschrift.

Test the best: Zeitungen oder Zeitschriften

Es gibt in der Bundesrepublik (alt und neu) rund 1 500 Tageszeitungen und ca. 9 000 Zeitschriften, die in unterschiedlichen Zeiträumen regelmäßig erscheinen.

Die Wahl der richtigen Zeitschrift oder Zeitung hängt zunächst davon ab, ob Sie *regional* oder *überregional* arbeiten. Beschränken Sie Ihre Geschäfte nur auf eine Stadt, liegt es nahe, die örtliche Tageszeitung zu wählen.

Damit haben wir aber schon das erste Problem: In den meisten Städten gibt es mindestens zwei große Tageszeitungen, die mehr oder weniger miteinander konkurrieren. Zudem ist es noch möglich, daß eine *überregionale* Zeitung in Ihrer Stadt sehr stark gelesen wird. Bei der richtigen Entscheidung helfen Ihnen die folgenden Kriterien.

Da weiß man, was man hat: Auflagenzahlen

Damit ist die *Anzahl* der Zeitungsexemplare gemeint. Diese Zahl steht entweder im Kopf Ihrer Zeitung, oder Sie erfahren sie über die Anzeigenabteilung. Um es aber nicht so einfach zu machen, gibt es verschiedene Auflagenzahlen. Da wäre z.B. die *Druckauflage,* das ist die Anzahl der hergestellten Exemplare. Die vergessen Sie gleich wieder.

Dann wird Ihnen noch die *verkaufte Auflage* angeboten. Diese ist für Sie entscheidend, denn sie berücksichtigt sowohl Abonnements als auch den freien Verkauf am Kiosk oder in Geschäften. Etwas höher noch ist die *verbreitete Auflage.* Sie schließt die Freiexemplare ein, die z.B. auch an Sie verschickt werden, wenn Sie Informationen über die Zeitung anfordern.

Bleiben wir bei der verkauften Auflage. Wenn Sie diese Zahlen bei den Tageszeitungen einer Stadt vergleichen, werden Sie wissen, welche Zeitung die größte ist.

Was Ihnen diese Zahlen unfreundlicherweise nicht mitteilen, ist, welche Zeitung die beste ist. Das ist natürlich auch ein sehr subjektiver

Eindruck. Da spielen die Art der Berichterstattung, die Qualität der Bilder, das Zeitungsformat, die Papierqualität u. ä. eine Rolle. Sollten Sie zwischen zwei auflagengleichen Zeitungen wählen müssen, könnten diese Kriterien ausschlaggebend sein.

Qualität aus deutschen Landen: Verbreitungsgebiet

Sofern Sie sich für eine von mehreren Zeitungen entscheiden, ist damit die Leserschaft der anderen Zeitung(en) aus dem Rennen um Ihr Produkt. Wollen Sie alle Zeitungsleser erreichen, müssen Sie in allen Zeitungen inserieren. Ganz einfach, oder? Vor diese geniale Idee hat der liebe Zeitungsverleger aber noch die Kosten gestellt ...

Oft unterscheiden sich die Zeitungen jedoch etwas in ihrem Verbreitungsgebiet im Umland einer Stadt. Sind nun bestimmte Vororte oder Nachbargemeinden für Sie wichtig (z. B. weil das die „Nobelviertel" mit der zahlungskräftigen Kundschaft sind), bietet sich hier ein weiteres Entscheidungskriterium an.

Das Verbreitungsgebiet und alle anderen wichtigen Daten zur Zeitung sind in den sogenannten *Mediaunterlagen* zusammengefaßt, die Sie kostenlos und schnell von jeder Anzeigenabteilung bekommen. Und das meist beigefügte Musterexemplar trägt dann dazu bei, daß die besagte *verbreitete Auflage* wieder um 1 gestiegen ist ...

Wenn's um Geld geht: Kosten

Je höher die Auflage, um so höher der *Millimeterpreis.* Dieser Preis ist bei Tageszeitungen der Maßstab aller Dinge. (Es sei denn, Sie wollen mal so richtig auf den Putz hauen – dann sind Sie mit Seitenpreisen von 10 000 DM an aufwärts dabei!)

Gemeint ist der Preis für einen Millimeter Höhe in einer Spalte der Zeitung. Alle Tageszeitungen sind in Spalten aufgeteilt, im allgemeinen sechs oder sieben, die ca. 45 mm (+/– 1 bis 2 mm) breit sind. Mit Ihrer Anzeigengröße müssen Sie sich in jedem Fall nach der Spaltenbreite richten. Ist Ihre Anzeige nur 1 mm breiter als die Spalte, müssen Sie die doppelte Spaltenbreite bezahlen, usw.

Bei der Höhe ist es einfacher. Hier gelten nur bestimmte Minimal- und Maximalhöhen, ansonsten ist alles frei wählbar.

Frankfurter Rundschau
Unabhängige Tageszeitung

Preisliste **Nr. 55**, Blatt 1
Gültig ab **1. Januar 1998**

SCHWARZ-WEISS-ANZEIGEN Gesamtausgabe

Satzspiegel: (Höhe x Breite) 520 x 371 mm
Spaltenzahl: Anzeigenteil 8, Textteil 6
Spaltenbreiten: siehe Rückseite

	Grundpreis		
	mm-Preis in DM	1/1 Seite = 4160 mm brutto DM	Textteil** mm-Preis in DM
Mo.-Fr.:	8,30	34.528,-	33,70
Samstag*:	9,10	37.856,-	37,25

Ermäßigte Preise (nicht rabattfähig)

	Mo.-Fr. je mm DM	Sa.* je mm DM
1. Stellenangebote und Vertretungen	7,30	8,45
2. Fremdenverkehrsanzeigen Verkehrsämter, Hotels, Pensionen (jedoch nicht Reiseveranstalter, -Büros, Flug-, Schiffs- und Bahn-linien). Erscheinungsweise Reise-Magazin: Samstag*		
3. Finanzanzeigen im Anzeigenteil	6,85	7,70
4. Buchanzeigen von Verlagen	6,60	7,30
	6,50	7,20

Ermäßigte Preise (nicht rabattfähig — keine Mittlervergütung)

	Mo.-Fr. je mm DM	Sa.* je mm DM
5. Rubrizierte Anzeigen — gewerblich Kfz-, Wohnungs- und Immobilienmarkt, An- und Verkauf, sonst. Anzeigenrubriken (jedoch nicht Stellenangebote)	6,20	6,95
6. Anzeigen für private Zwecke An- und Verkauf, Kfz-, Wohnungs- und Immobilienmarkt, Heiratswünsche/Bekanntschaften, Tiermarkt, Stellengesuche	3,90	4,30
7. FR PLUS Samstag + Mittwoch-Kombi für Kfz-, Wohnungs- und Immobilienmarkt: **siehe Blatt 1a**		
8. Private Familienanzeigen	2,80	2,80

Alle in der Preisliste genannten Preise verstehen sich zuzüglich Mehrwertsteuer.

* bzw. Wochenendausgabe

Umrechnungsfaktor Anzeigen- zu Textspalten: 1,333
Mindestgröße **Eckfeldanzeigen** = 1000 mm
Mindesthöhe **Streifenanzeigen** (Alleinplatzierung): 80 mm
Mindesthöhe ***Textteilanzeigen** = 10 mm (nur ein- und zweispaltig)
Mittlervergütung: 15%, für Stellenangebote 20%

Erscheinungsort
60266 Frankfurt am Main

Verlag: Druck- und Verlagshaus Frankfurt am Main GmbH,
Postanschrift: 60266 Frankfurt am Main
Hausadresse: Große Eschenheimer Str. 16—18, 60313 Frankfurt am Main
Verlag und Anzeigenabteilung 069/2199 (2199+Durchwahl)
Anzeigenannahme 069/2020

Telefon: 069/1310030 069/20221
Telefax: 069/1310030
Internet-Adresse: http://www.fr-aktuell.de
Bankverbindung: Dresdner Bank AG Frankfurt am Main, 470 000 400 (BLZ 500 800 00)
Erscheinungsweise: Täglich außer sonn- und feiertags
Anzeigenschluß: Montagausgabe: Freitag 10 Uhr, Dienstag- bis Freitagausgabe am vorherigen Werktag 10 Uhr, Wochenendausgabe: Donnerstag 17 Uhr, Reise und Erholung, Heiratswünsche/Bekanntschaften Dienstag 17 Uhr. Bei auf Donnerstag, Freitag, Samstag fallenden Feiertagen entsprechend 1 Tag früher.

Zahlungs-bedingungen: Innerhalb 14 Tagen nach Rechnungserhalt netto ohne Abzug. Bei Rechnungsbeträgen über 400,— DM und Zahlung innerhalb 8 Tagen 2 % Skonto, sofern ältere Rechnungen nicht überfällig sind. **Geschäftsbedingungen siehe Blatt 9.**

Rabatte:

Mengenstaffel
für Millimeterabschlüsse von mindestens

1 000 mm	3 %	
3 000 mm	5 %	
5 000 mm	10 %	
10 000 mm	15 %	
20 000 mm	20 %	
30 000 mm		21 %
40 000 mm		22 %
60 000 mm		23 %
80 000 mm		24 %
100 000 mm		25 %

Ab 150 000 mm sind Sondervereinbarungen möglich
Streckenrabatt: ab 3 Seiten 25 %

Die Einbeziehung von Anzeigen, für die der Tarif keinen Rabatt vorsieht, in einen Abschluß ist nicht möglich. Es ist auch nicht möglich, für Anzeigen, für die der Tarif einen ermäßigten Preis ohne Rabatt vorsieht, einen Abschluß zum Grundpreis zu tätigen. Textteilanzeigen werden mit dem Umrechnungsfaktor 4,1 in bestehende Abschlüsse angerechnet. Der Verlag behält sich vor, für Sonderbeilagen und -seiten besondere Anzeigenpreise festzulegen.

Ziffergebühren:
Bei Abholung der Offerten für jede Veröffentlichung ... DM 4,00
Bei Übersendung der Offerten für jede Veröffentlichung ... DM 18,00
Die Chiffregebühr wird als Verwaltungspauschale erhoben, auch wenn keine Zuschriften eingehen.

Grundschrift im Anzeigenteil: Nonpareille. **Druckunterlagen:** siehe Rückseite.

Die Preise sind natürlich sehr unterschiedlich. Bei dem Punkt Format werden Sie noch erfahren, daß es bestimmte Größen gibt, die eine Anzeige erst sinnvoll machen.

Der Faktor Kosten kann also nur bei der grundsätzlichen Entscheidung für oder gegen Anzeigenwerbung eine Rolle spielen. Bei der Auswahl einer Tageszeitung bedeuten geringere Kosten automatisch auch geringere Leserzahl.

Alles Müller oder was: Zielgruppe

Wie bei allen Marketingmaßnahmen sollten Sie sich auch bei der Auswahl der „passenden" Zeitung die Frage stellen: *„Wem* möchte ich eigentlich die überaus wichtigen Dinge über mein Unternehmen sagen?" „Überflüssige Frage", werden Sie sich vielleicht selbst tadeln, „meinen potentiellen Kunden natürlich!" Aber erreichen Sie diese Kunden auch mit der Zeitung? Und mit welcher? Und sind die Kosten dafür vertretbar? Und ...?

Sicher: Im allgemeinen wird eine Tageszeitung *auch* Ihre potentiellen Kunden erreichen. Aber es gibt Zeitungen, die von Ihrer Zielgruppe eher gelesen werden als andere. Und es stellt sich die grundsätzliche Frage, ob Ihre Zielgruppe groß genug ist, damit der Einsatz von Tageszeitungen als Werbemedium sinnvoll erscheint.

Wenn Sie eine kleine Modeboutique in einem Vorort eröffnen, ist die Lokalzeitung möglicherweise ein sinnvolles Medium – eine überregionale Zeitung dagegen völlig abwegig. Das gilt für alle regional eng begrenzten Tätigkeiten.

Haben Sie dagegen einen Versandhandel für spezielle Computerprogramme ins Leben gerufen, werden Sie sich mit einer lokalen Zeitung viel zu sehr einengen. In beiden Fällen stellt sich aber noch die grundsätzliche Frage, ob der *Streuverlust* nicht zu groß ist.

Der Streuverlust ist der Anteil der Menschen, die Sie über ein Werbemedium zwar erreichen, für die aber von vornherein Ihr Angebot nicht interessant ist.

Um bei den obigen Beispielen zu bleiben: Mit Ihrer Lokalzeitung erreichen Sie als Boutiquebesitzer alle 30 000 Leser – wirklich interessant sind für Sie aber nur die Menschen, die in Ihrem Vorort wohnen, und davon wiederum nur die Frauen eines bestimmten Alters, die sich für die angebotene Mode interessieren.

Genauso sieht es bei dem Versandhandel aus. Werben Sie in einer bundesweiten Zeitung, erreichen Sie mehrere hunderttausend Menschen – wieviel davon brauchen aber tatsächlich Ihre Angebote? Viel zielgerichteter wäre in diesem Fall z.B. die Werbung in Computer-Fachzeitschriften.

Eine Klasse für sich: Meinungsbildner

Neben den direkten Kunden gibt es noch eine andere Gruppe von Menschen, die für Sie interessant sind: Menschen, die *jemanden kennen,* der ein Kunde werden könnte. Und ihn womöglich in diesem Sinne beeinflussen.

Man nennt solche Personen *Meinungsbildner.* Der klassische Meinungsbildner ist der Journalist. Aber dazu gehören auch alle anderen Menschen, deren Meinung aufgrund ihrer beruflichen oder gesellschaftlichen Position für ihre Mitmenschen wichtig ist, die „etwas zu sagen haben" (oder von denen man zumindest glaubt, daß das der Fall ist …). Ärzte und Anwälte sind typische Vertreter dieser Gruppe.

Warum sind diese Meinungsbildner nun so wichtig? Ob das vernünftig ist oder nicht: Wenn Sie jemand empfiehlt, dem man – aus welchen Gründen auch immer – Kompetenz zutraut, ist das die beste Werbung, die Sie haben können.

Wie gut das funktioniert, selbst wenn der kommerzielle Hintergrund klar ist, sehen Sie an den zahllosen Künstlern, die für irgendein Produkt werben.

Jeder Verbraucher weiß, daß diese Menschen dafür bezahlt werden, sich positiv über Nudeln (Steffi Graf), Getränke (Götz George), Shampoo (Oliver Bierhoff), Telefone (Franz Beckenbauer) oder Duftwasser (Gabriela Sabatini, Michael Degen u.a.) zu äußern. Trotzdem sind sie die besten Werbeträger.

Deshalb lohnt sich auch die Überlegung, mit welchen Medien diese reizvollen Menschen erreicht werden können.

Aus Erfahrung gut: Akzeptanz

Es mag also bei der Entscheidung für eine Zeitung durchaus richtig sein, Ihr Lokalblatt zu nutzen.

Sind die Meinungsbildner für Sie wichtig, empfiehlt sich eventuell aber eine größere, überregionale Zeitung, die bei dieser Gruppe ein höheres Ansehen genießt. Oder Sie entscheiden sich gleich für eine Fachzeitschrift, deren Kompetenz auf die Aussagen der Inserenten übertragen wird.

Der Druck der großen weiten Welt: überregionale Tageszeitungen

Grundsätzlich gelten hier die gleichen Kriterien wie bei den regionalen Zeitungen. Nur haben Sie vermutlich die in Frage kommenden Medien nicht so einfach im Kopf. Aber, wie für fast alles, gibt es auch dafür Nachschlagewerke. Eines davon heißt „Stamm – Leitfaden durch Werbung und Presse". (Zu finden auch in vielen Stadtbibliotheken.)

Hier finden Sie, nach Orten oder Städten sortiert, alle Zeitungen, die dort erscheinen – komplett mit Adresse, Telefon, Terminen und Preisen. (Übrigens sind diese Angaben auch zu vielen anderen Werbemöglichkeiten wie Plakate, Verkehrsmittel etc. aufgeführt.)

Haben Sie alle Zeitungen herausgesucht, können Sie die Mediaunterlagen anfordern und die bereits genannten Kriterien vergleichen. Eine Alternative sind auch die großen, bundesweit erscheinenden Zeitungen wie „FAZ", „Frankfurter Rundschau" (Schwerpunkt Rhein-Main-Gebiet), „Süddeutsche Zeitung" (Schwerpunkt Süddeutschland) und „Die Welt".

Denken Sie aber bitte daran, daß diese Zeitungen auch eine bestimmte politische Ausrichtung haben. Inwieweit Sie das persönlich stört, ist eine Sache. Es prägt aber in jedem Fall den Kreis der Menschen, die die jeweiligen Blätter lesen. Und Sie müssen sich wieder die Frage nach der Übereinstimmung mit Ihrer Zielgruppe stellen.

Nachdem Sie diese Kriterien bedacht haben, werden Sie sich vermutlich für eine bzw. mehrere Zeitungen entscheiden. Oder Sie haben sich beim Anblick der Kosten entsetzt abgewendet, sofern Sie nicht vorher in den selten übersichtlichen Mediaunterlagen verlorengegangen sind. Vielleicht klopft da auch ganz zaghaft eine Frage in Ihrem Hinterkopf: Muß denn Zeitung überhaupt sein?

Die Antwort ist: nein! Eigentlich könnten wir jetzt zum nächsten Kapitel übergehen. Aber etwas mehr wollen wir dazu doch noch sagen. Diese Antwort kam für Sie vielleicht gar nicht so überraschend, wenn Sie sich die Einleitung zu diesem Kapitel in Erinnerung rufen. Es ist schwierig, zu einigermaßen vertretbaren Kosten eine wirkungsvolle Anzeigenwerbung zu machen. Nicht unmöglich – nur schwierig.

PVst Deutsche Post AG, Entgelt bezahlt   E 3838

9

98

Forum-Verlag GmbH & Co. · Schrempfstraße 8 · 70597 Stuttgart   Offizielles Organ · ISSN 0720-0277 · 1. September 1998 · 30. Jahrgang

Michael Mönninger: Abschied vom Staat als Bauunternehmer / Peter Conradi: Politik und Planung / Kristin Schultz-Coulon: Scheinprivatisierung und ihre Folgen / Bundestagswahl: Die Programme der Parteien auf einen Blick / Porträt: Die BAK-Vertretung in Brüssel Regional: Kunst hess. Architekten. S. SW 243 / Politischer Frühschoppen in Rh.-Pf. S. SW 255

DEUTSCHES ARCHITEKTENBLATT

Ausgabe Südwest

Die öffentliche Hand

Fachzeitschriften – das ideale Medium für Angebote an eine eng begrenzte Zielgruppe. Besonders wenn es sich – wie hier – um die Verbandszeitschrift und damit um „Pflichtlektüre" handelt.

Und mit vertretbaren Kosten ist gemeint, daß Sie zu Beginn Ihrer unternehmerischen Tätigkeit üblicherweise nicht 3 000 DM pro Woche für Anzeigenwerbung ausgeben wollen. Auf solche Summen kommen Sie leider ganz schnell.

Bevor Sie sich überhaupt entscheiden, in Tageszeitungen zu inserieren, sollten Sie genau die Chancen kennen, die diese Werbung hat. Vor allem aber sind für Sie die zahlreichen anderen, sehr kostengünstigen Möglichkeiten, Ihr Unternehmen bekanntzumachen, interessant, die vielleicht nicht so naheliegend sind. Davon werden Sie noch etliche kennenlernen.

Über den Tag hinaus: Zeitschriften

Ihre Anzeige in der Tageszeitung ist – das liegt in der vergänglichen Natur des Mediums – nur einen Tag aktuell. Auch ein Aspekt, der beim Vergleich mit anderen Werbemöglichkeiten berücksichtigt werden muß.

Deshalb lohnt es sich, einmal über die dauerhaftere Alternative „Zeitschriften" nachzudenken. Hier gibt es zwei wichtige Unterscheidungen: Die *Publikumszeitschriften,* das sind z. B. die Fernsehillustrierten, Frauen- und Männerzeitschriften, die „Klatschblätter" mit den neuesten Nachrichten von Film-, Geld- oder Hochadel usw., und die *Fachzeitschriften.* Dabei handelt es sich um spezielle Publikationen für bestimmte Berufsgruppen oder Interessensgebiete.

Es gibt für so ziemlich jeden Bereich, den man sich ausdenken kann, eine Zeitschrift: für Kaninchenzüchter, Jagdfreunde, Oldtimerfans, Computerfreaks und Briefmarkensammler. Diese Zeitschriften können wöchentlich, vierzehntägig, monatlich, zweimonatlich oder vierteljährlich erscheinen – und so lange wird Ihre Anzeige dort gesehen. Das hat natürlich seinen Preis. Die Formate, die Sie in solchen Zeitschriften belegen können, sind zudem nicht so flexibel wie bei den Tageszeitungen. Es gibt in der Regel keine mm-Anzeigen, sondern nur seitenteilige Formate (also 1/4 Seite, 1/2 Seite, 1/3 Seite im Hoch- oder Querformat).

Publikumszeitschriften werden für Sie als Einsteiger angesichts der erheblichen Kosten kaum in Frage kommen.

Interessant können jedoch unter Umständen die Fachzeitschriften sein. Denn hier sprechen Sie Ihre Zielgruppe direkt an – sofern Sie ein Produkt oder eine Dienstleistung haben, die auf die Leser der Fachzeitschrift zugeschnitten ist.

Deutschland gilt nicht zu Unrecht als Land der Vereine: Man sagt, wenn drei Deutsche gemeinsam etwas unternehmen wollen, gründen sie erst einmal einen Verein . . . Und wo ein organisiertes Hobby ist, ist mindestens eine Fachzeitschrift nicht weit. Aber vor allem gibt es diese Fachzeitschriften für die unterschiedlichsten Berufs- und Interessengruppen.

Wirklich ideal ist diese Werbung, wenn Sie bundesweit arbeiten, aber auch eine regionale Belegung ist teilweise möglich. Konzentriert sich Ihre Aktivität also auf eine Stadt, z. B. wenn Sie ein Einzelhandelsgeschäft, eine Boutique eröffnen, dann machen diese Fachzeitschriften wenig Sinn. Bewegen sich Ihre Geschäftsbeziehungen aber in einem Großraum, wie dem Rhein-Main- oder dem Ruhrgebiet, dann lohnt es sich, zumindest nach einer möglichen regionalen Belegung zu fragen.

Preislich ganz interessant auch ohne regionale Belegungsmöglichkeiten können reine Berufsgruppen-Zeitschriften sein, die oft von einem Berufsverband als Service für seine Mitglieder herausgegeben werden (z. B. das „Architektenblatt"). Haben Sie nun ein Produkt für diese Zielgruppe, in diesem Fall vielleicht ein PC-Kalkulationsprogramm für Architekten oder einen neu entwickelten Zeichentisch, dann wird Ihre Werbung in diesem Medium mit hoher Aufmerksamkeit gesehen. Damit erreichen Sie mit Sicherheit wesentlich mehr, als Sie von einer Tageszeitung erwarten können.

Noch einen großen Vorzug haben Fachzeitschriften: Sie werden nicht nur von dem Abonnenten oder Käufer gelesen.

Nicht selten lesen fünf bis zehn weitere Menschen dieselbe Zeitschrift. Diese Zahl taucht in den Mediaunterlagen unter dem Begriff *Leserkontakte* auf und spielt eine wichtige Rolle bei der Beurteilung der Kosten.

Eine besondere Variante der Fachzeitschriften sind die Publikationen öffentlicher Institutionen: Wollen Sie beispielsweise die Handwerksbetriebe – oder einen Teil davon – ansprechen, ist die Monatszeitschrift der Handwerkskammer ein sehr gutes und durchaus bezahlbares Medium.

Nun gilt es natürlich noch herauszufinden, wie Sie an diese Zeitschriften herankommen.

Bei Kammern und Behörden ist es sehr einfach: Adresse und Telefonnummer können Sie dem Telefonbuch entnehmen. Arbeiten Sie in einer bestimmten Branche, werden Sie im allgemeinen die wichtigen Fachzeitschriften kennen.

Sehr hilfreich ist ein Bummel durch große Zeitschriftenläden, auch an Bahnhöfen. Die sind meist nach Gebieten geordnet, und Sie erhalten schnell einen Überblick. Auch die Fachverbände geben Ihnen Auskunft über die maßgeblichen Publikationen. Dazu müssen Sie aber wiederum wissen, wie Sie diese Verbände erreichen.

Dies erfahren Sie z. B. aus dem Nachschlagewerk „Oeckl – Taschenbuch des öffentlichen Lebens" (steht ebenfalls in vielen Stadtbibliotheken), das, nach Bundesländern geordnet, alle größeren Verbände enthält. (Also leider nicht den Hundezüchterverein Niederaudorf e.V., aber sehr wohl den Landesverband der Hundezüchter in Rheinland-Pfalz.)

Kunst und Kommerz: Gestaltung

Wenn Sie nun der Meinung sind, Anzeigen müssen sein, dann helfen Ihnen die folgenden Informationen, das Beste aus der Anzeigenwerbung zu holen. Ein sehr wichtiger Tip vorweg: Lassen Sie sich von Ihrer Zeitung oder Zeitschrift unbedingt einen Korrekturabzug Ihrer Anzeige vor dem Druck geben. Satzfehler kommen häufig vor, und die schönste Gestaltung nützt Ihnen nichts, wenn sie falsch übernommen wird!

Quadratisch, praktisch, gut: Formate

Am wirkungsvollsten wäre natürlich eine ganzseitige Anzeige, am besten noch schön bunt. Aber bleiben wir mal auf dem Teppich der Realität. Oft ist die Meinung, Anzeigenwerbung müsse einfach sein, so übermächtig, daß das *Wie* eine untergeordnete Rolle spielt.

Schauen Sie sich die Anzeigenseiten an. Sie werden erstaunlich viele Inserenten finden, die nach dem Prinzip „möglichst viel Text auf möglichst wenig Raum" verfahren und dabei leider vergessen, die notwendige Lupe gleich beizulegen, um diese Anzeige auch lesbar zu machen.

Es ist nicht vernünftig, pauschale Regeln aufzustellen, wie groß eine Anzeige sein sollte. Und natürlich hängt die Größe auch von der Gestaltung ab. Aber vor allem sollte das Format Ihr Ziel unterstützen, sich von Ihrer Konkurrenz abzuheben.

Die Kunst des Genießens

Weine – Spirituosen – Import –

WEIN-SCHÄFER

Schweizer Str. 54
60594 Frankfurt/Main
Tel. 069/618465

Herzog-Adolf-Str. 13
61462 Königstein/Ts.
Te. 06174/7991

Diese Anzeige ist ein Beispiel gleich für mehrere interessante Gestaltungselemente. Das Auffälligste: der viele weiße Raum. Zunächst drängt sich der Gedanke auf, daß hier sehr viel Geld verschenkt wurde. Aber ganz im Gegenteil – es gibt kaum eine bessere Möglichkeit bei Schwarzweiß-Anzeigen, Aufmerksamkeit zu erregen: Leere Flächen sind das absolut Unerwartete auf den vollgestopften Anzeigenseiten!

Zweites Element: ein ungewöhnliches Format. Diese Anzeige erschien im „Journal Frankfurt", einem Stadtmagazin. Sie nutzt hier die gesamte Höhe aus und dominiert dadurch die Seite.

Auch das Bildelement ist sehr gut schwarzweiß-tauglich. Ein kleiner Bruch liegt allerdings in dem Kontrast der etwas altmodischen Schreibschrift zu der sehr modernen Abbildung. Doch das leicht verspielte Image einer Schreibschrift paßt zu dem Produkt (Wein) und zu der Aussage „Die Kunst des Genießens".

Auch der Textumfang in dieser Schriftart ist noch an der Grenze: Schreibschrift ist bei längeren Texten sehr schlecht lesbar, sie wurde hier jedoch, abgesehen von der Adresse, sparsam eingesetzt.

Es ist ein ewiger Konflikt für kleine Unternehmen: Einerseits weiß man, daß man irgendwie Werbung machen muß, andererseits sind die finanziellen Mittel sehr beschränkt. Das Ergebnis: Kleinst-Anzeigen.

Diese Anzeige hat eine kleine Chance, weil sie durch eine ungewöhnliche Schrift und die Zeichnung etwas auffällt. Aber sie zeigt auch sehr deutlich die Problematik, auf so wenig Raum alle notwendigen Informationen unterzubringen.

Das Geschäft befindet sich in einem Vorort einer größeren Stadt – und aus diesem Vorort wird vermutlich auch ausschließlich die Kundschaft herkommen. Also ist das auch ein Beispiel für den immensen Streuverlust von Zeitungsanzeigen.

Selbst mit der günstigen Belegungsmöglichkeit muß der Inserent, um die Leser im Vorort zu erreichen, den Preis für rund 86 000 Leser in der gesamten Stadt und dem Umfeld bezahlen!

Hier würde sich auf jeden Fall ein Nachdenken über eine gut plazierte Plakatwand lohnen, die zudem ja auch noch wesentlich länger zu sehen ist als eine Anzeige in der Tageszeitung. Und sie ist dort, wo die potentielle Kundschaft sitzt: vor Ort!

Die typischen „Kleinanzeigen" sind Einspalter mit 50 oder 60 mm Höhe.

Also fällt Ihre Anzeige schon auf, wenn sie einfach nur über die doppelte Breite geht. Als sehr grober Anhaltspunkt läßt sich sagen, daß man ab 500 mm Anzeigenraum (das kann z. B. eine einspaltige Anzeige sein, die ca. 110 mm hoch ist, aber auch eine zweispaltige mit ca. 55 mm Höhe) eine einigermaßen vernünftige Anzeige gestalten kann. Auch aus kleineren Formaten läßt sich einiges machen – spätestens dann allerdings brauchen Sie die Hilfe eines versierten Grafikers. Und der kostet Sie meist mehr als ein größeres Format!

Der beste Maßstab ist tatsächlich, sich anzuschauen, gegenüber welchem Umfeld Ihre Anzeige sich in der Zeitung behaupten muß.

Mehr Größe bedeutet (von den besagten ganzen Seiten abgesehen) aber nicht gleichzeitig mehr Erfolg. Je größer die Anzeige ist, um so größer ist sicherlich die Wahrscheinlichkeit, daß sie überhaupt gesehen wird. Das nützt Ihnen aber nur dann etwas, wenn Ihre Anzeige durch Gestaltung und Inhalt diese Aufmerksamkeit auch halten kann.

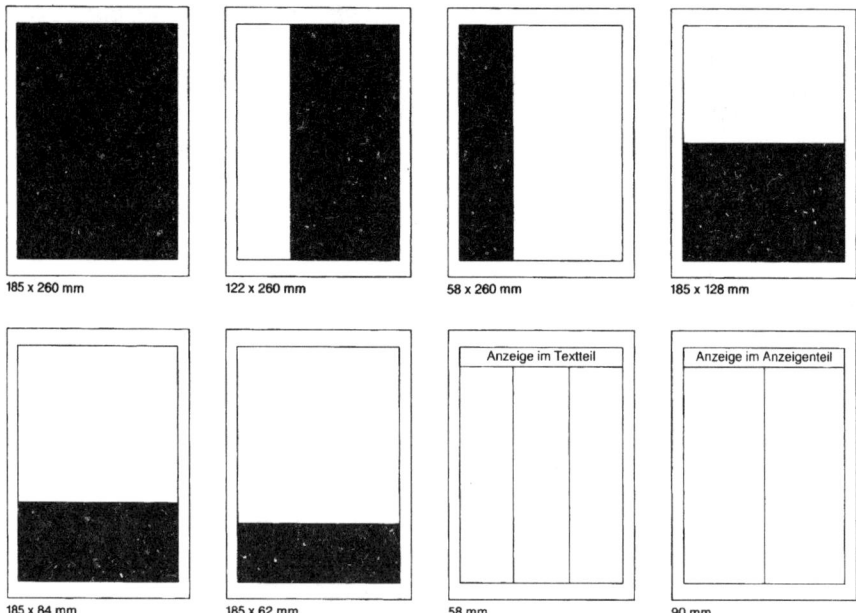

Wenn Sie Anzeigen in Zeitschriften schalten wollen, sollten Sie bereits in der Gestaltungsphase die eingeschränkten Möglichkeiten für die Formatwahl berücksichtigen. Wollen Sie unbedingt Ihre individuelle Gestaltung umsetzen, müssen Sie das nächstgrößere seitenteilige Format bezahlen. Den Leerraum haben Sie dann als Zugabe.

Das einzig Wahre: Plazierung

Eine entscheidende Voraussetzung, Ihre potentiellen Kunden durch Ihre Anzeige in atemlose Begeisterung zu versetzen, ist die Plazierung. Wie der Name so treffend sagt, ist damit der Platz in der Zeitung gemeint, an dem das Inserat steht.

Da gibt es verschiedene Angebote: zunächst einmal die grundsätzliche Unterteilung in einen *Textteil,* in dem die redaktionellen Beiträge stehen, und den *Anzeigenteil,* dessen Inhalt nicht schwer zu erraten ist. In beiden Bereichen können Sie inserieren. Der Anzeigenteil ist das „Übliche", da sind alle. Genau deshalb ist die Aufmerksamkeit im Textteil, also mitten in den Berichten, natürlich erheblich höher. Da die Zeitungsverlage das aber selbstverständlich auch wissen, sind die Kosten für eine Anzeige dort auch ca. fünfmal so hoch. Zudem sind die Anzeigen in der Größe erheblich beschränkt (auf ziemlich kleine Formate).

Trotzdem lohnt es sich oft, diese Plazierung zu wählen. Hier kann mit einer kleinen Anzeige große Aufmerksamkeit erreicht werden.

Tatsache ist: Niemand (außer Werbeleuten) *liest* den ganzen Anzeigenteil. Nur Menschen, die sich über einen Bereich informieren wollen, z. B. Immobilien oder Autos, lesen die entsprechenden Anzeigen einigermaßen aufmerksam durch. Alles andere wird mehr oder weniger flüchtig registriert. Redaktionelle Beiträge dagegen werden wirklich gelesen – und Ihre Anzeige ganz automatisch auch, weil sie vom Auge gar nicht unmittelbar als Werbung wahrgenommen wird.

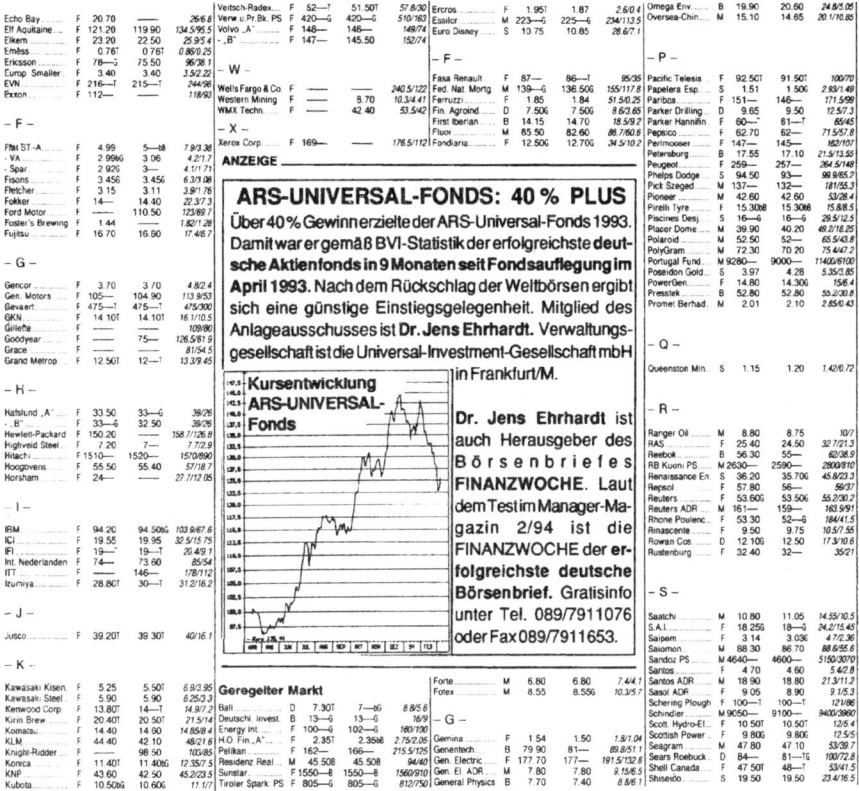

Wo könnte man besser für eine Geldanlage in Fonds werben, als auf der Aktienseite der „FAZ"? Perfekte Wahl, weil hohe Aufmerksamkeit und ideale Zielgruppe: Wer diese Seite liest, interessiert sich für Geldanlagen!

Anzeigen im redaktionellen Teil haben zudem ein höheres Prestige – dank dem unermüdlichen Unterbewußtsein der Leser. Bevor erkannt wird, daß es sich um eine Anzeige handelt, wird der Block automatisch dem Text zugeordnet, so wie ein Bild, das zu einem Artikel gehört. Somit hat Ihre Anzeige im (Unter-)Bewußtsein des Lesers schon mal einige Pluspunkte gesammelt, bevor sie entlarvt wird.

Mit ein wenig Glück können Sie auch noch bestimmen, wo im redaktionellen Teil Ihre Anzeige landet. Das ist ein weiterer, erheblicher Vorteil: Bieten Sie z. B. Computerdienstleistungen an, kann der Wirtschaftsteil (für die arbeitsgeplagten Manager) oder der Lokalteil (wenn Sie sich an Selbständige und kleine Firmen vor Ort wenden wollen) günstig sein.

Immer interessant sind Sonderthemen, die Zeitungen in unregelmäßigen Abständen herausbringen. Die Themen stehen zu Jahresbeginn fest und werden von den Zeitungen in einer Übersicht gerne herausgegeben. Bei Sonderthemen, zu denen Ihr Angebot paßt, können Sie auf jeden Fall sicher sein, daß diese Beilagen oder die Sonderseiten mit großer Aufmerksamkeit von der richtigen Zielgruppe gelesen werden.

Es gibt eine unter Werbern etwas umstrittene Theorie, daß die ideale Plazierung einer Anzeige oben rechts auf der Seite sei. Das „oben" ist gut nachvollziehbar – durch unsere Lesegewohnheit: Wir fangen nun mal üblicherweise oben an, einen Text zu lesen. Der unaufmerksame Leser, der Zeitungen oder Zeitschriften nur durchblättert, wird demnach hauptsächlich Überschriften lesen.

Auch der Optiker hat seine kleine Anzeige optimal plaziert: Der gesetzlich vorgeschriebene Hinweis „Anzeige" als Kennzeichnung wird kaum wahrgenommen, und so reiht sich die Anzeige mühelos in die Rubrik „Kurz und knapp" ein – schnelle Informationen über wichtige Dinge.

Kurz und knapp

Boden tief verseucht

ZÜRICH (AP) Beim Explosionsunglück vom Dienstag ist der Boden im Bahnhof Zürich-Affoltern bis in sechs Meter Tiefe von ausgeflossenem Benzin verseucht worden. Wie ein Sprecher der Schweizer Bundesbahnen mitteilte, ist das Grundwasser aber nicht gefährdet. Etwa 3 000 Kubikmeter Erdreich müssen ausgebaggert und entsorgt werden.

Infizierte jünger

ATLANTA (dpa) In USA infizieren sich immer mehr Menschen bei heterosexuellen Kontakten mit dem Aids-Virus. Außerdem würden die Infizierten immer jünger, heißt es in einem Bericht des US-Zentrums für Gesundheits-Kontrolle. Demnach hat sich die Zahl der Infizierten durch Kontakte zwischen Mann und Frau von 1993 mehr als verdoppelt. In den vergangenen Jahren stieg deren Zahl insgesamt von zwei auf neun Prozent. In demselben Zeitraum sank dagegen die Zahl der Ansteckungen bei männlichen homosexuellen Kontakten von 66 auf 47 Prozent.

— Anzeige —

Optik Käpernick
— *Ihre Wiesbadener Adresse* —
für gute Augenoptik
Langgasse 10, Tel. 30 18 94

Großbrand im Slum

PHNOM PENH (AP) Ein Großbrand in einem Slumviertel von Phnom Penh hat Hunderte von Bewohnern in die Flucht auf das Wasser getrieben. Mit Booten, auf Matratzen und Plastiktonnen retteten sie sich auf den Fluß Bassac, der durch die Hauptstadt fließt.

Die Plazierung am Rand ist sicher vorteilhaft, da so die „Konkurrenz" nur an zwei Seiten steht, nicht aber rundherum. Außer als Dauerkunde für das ganze Jahr mit festen Buchungen wird es jedoch nur schwer möglich sein, diese allgemein bevorzugten Plazierungen zu ergattern. Trösten Sie sich mit der Erkenntnis: Eine gute Plazierung rettet nicht eine schlechte Gestaltung!

Der beste Weg zu einer guten Gestaltung ist, einen ebenso guten Graphiker damit zu beauftragen. Leider werden Sie in den seltensten Fällen einen aufgeschlossenen Menschen finden, der bereit ist, aufstrebende Jungunternehmer mit einer kostenlosen Arbeit zu fördern. Also müssen Sie dafür Geld ausgeben – und das wollen wir ja nach Möglichkeit vermeiden.

Geht auch: Diese Arbeit macht nämlich die Zeitung für Sie! Tageszeitungen sind durchaus darauf eingestellt, ihre Anzeigenkunden bei der Gestaltung zu unterstützen. Was Sie davon aber nicht erwarten können, sind super-originelle Arbeiten. Das geht sowohl aus Zeit- als auch aus Kostengründen nicht.

Wenn Sie jedoch genau wissen, was Sie wollen, und sich auf einfache Elemente beschränken, z. B. die Zeichnung eines Computers für einen Computeranbieter oder die einer Katze für einen Catsitter-Service, kommen Sie mit diesen Zeitungs-Grafikern schon weiter.

Sie werden ohnehin noch erfahren, daß die einfachen Dinge auch hier die besten sind.

Manchmal muß es eben wenig sein: Schriften

Haben Sie einen Computer oder eine moderne elektrische Schreibmaschine? Dann sind Sie sicherlich schon in die Wunderwelt der Schriftgestaltung vorgestoßen. Da gibt es unendlich viele Möglichkeiten, wie man Schriften verändern kann: Ganz viele verschiedene Schrifttypen, mit Schnörkeln oder ohne, Groß- und Kleinschreibung, **fette** oder schmale Schrift, *kursiv* Geschriebenes oder vielleicht unterstrichen, aber es könnte auch eine Umriß-Schrift sein ... und so weiter.

Irgendwie ist es in jedem drin: Wichtige Dinge will man herausstreichen. Und da in einer Anzeige ja sehr viele Dinge wichtig sind, muß vieles GROSSGESCHRIEBEN, **fettgedruckt** oder sonstwie herausgehoben werden. Das Ergebnis: ein Text, der durch seine zahlreichen unterschiedlichen Gestaltungselemente so ablenkt, daß der Inhalt völlig untergeht. So reizvoll es auch ist: Die Schriftvarianten sollten, gerade bei den kleinen Anzeigen, von denen wir sprechen, nur sehr zurückhaltend eingesetzt werden.

Die Höhe macht's: Schriftgröße

Schriftgrößen werden fachmännisch in *Punkt* angegeben. Ein Punkt (p.) entspricht ungefähr 0,4 mm Höhe, gemessen an einem Großbuchstaben. Die Schriftgröße beeinflußt maßgeblich die Lesbarkeit eines Textes. Ab 8 p. ist die Größe akzeptabel, besser sind 9 p. Bitte widerstehen Sie der Versuchung, durch kleinere Schriften mehr Text in eine Anzeige „reinzukriegen" – genauso schrecklich, wie dieses Wort klingt, sieht eine vollgestopfte Anzeige dann auch aus!

Ein paar Faustregeln zum Umgang mit Schriften: nur eine Schriftart, ganz wenige und nur entscheidende Worte herausheben. Am besten durch Fettdruck. Schreibschriften sind immer schlechter lesbar als gedruckte, Großbuchstaben schlechter, als die übliche Groß- und Kleinschreibung.

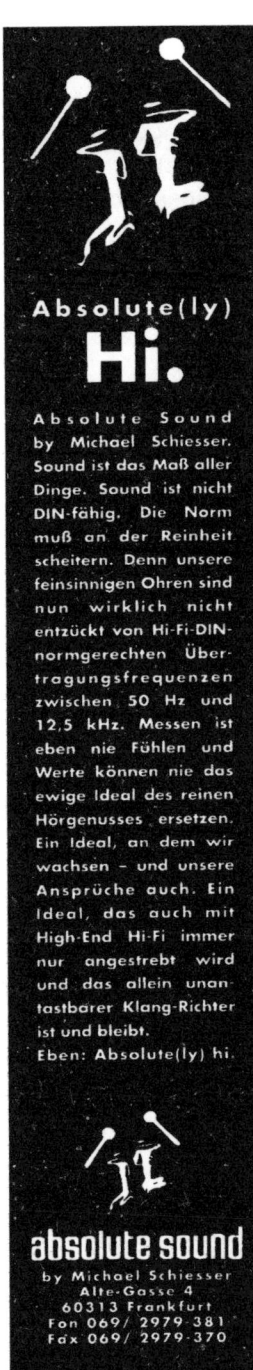

Leider etwas teurer: Farbe

Farbe ist in einer Tageszeitung eine wirklich tolle Sache – und fast unbezahlbar. Da es bis zu einer bestimmten Anzeigengröße Pau-schalzuschläge gibt, schaffen Sie es mit einer Farbe mühelos, Ihre Schaltungskosten minde-stens zu verdoppeln.

Damit ist aber das Verhältnis zwischen Kosten und Effekt verschoben – so durchschlagend wirkt sich nun auch Farbe nicht aus. Mit ande-ren gestalterischen Mitteln läßt sich eine ge-nauso gute Aufmerksamkeit erreichen.

Eine überaus beliebte Variante ist die Negativ-schrift. Das heißt, der Grund ist schwarz, die Schrift ist weiß. Der Faktor Aufmerksamkeit wird sicherlich erreicht – sofern nicht noch fünf andere Inserenten auf die gleiche geniale Idee gekommen sind. Aber gleichzeitig ver-schlechtern Sie damit ganz erheblich die Les-barkeit Ihrer Anzeige – unser Auge reagiert auf solche harten Kontraste außerordentlich irritiert.

Negativschrift scheint eine sehr reizvolle Alternative zu sein, wenn es darum geht, auf-zufallen. Diese Aufgabe erfüllt sie auch gut. Sehr problematisch ist jedoch die Lesbarkeit. Bei diesem Beispiel ist aber zumindest die Schrift gut gewählt – sie ist kräftig und nicht zu klein. Verbessert würde die Aufnahme des Textes noch durch Absätze, die es leichter machen, sich im Text zu orientieren – auch wenn die Gestaltung dadurch nicht ganz so klar ist. Hier ist es nämlich besonders wichtig, daß der Text gelesen wird, da nicht auf An-hieb zu erkennen ist, worum es eigentlich geht.

So einfach geht das: Ordnung

Unser Gehirn ist schon recht eigenwillig: Es versucht immer wieder, Ordnung in unsere Wahrnehmung zu bekommen. Gelingt das nicht, reagiert es ungehalten, in schlimmen Fällen mit Kopfschmerzen. (Manchen Menschen passiert das bereits beim Anblick eines Schnittmusterbogens oder eines sehr modernen, abstrakten Gemäldes.)

TAG DER OFFENEN TÜR
AM 12. UND 13. MÄRZ

- Erfrischungs-Getränke gratis
- Großes Gewinnspiel mit tollen Preisen
- Kinderbetreuung
- Ermäßigung von 50% bei der Anmeldung
- Interessante Fachvorträge u.v.a.m.

BEI FRANKFURTS NR. 1 IN SACHEN FITNESS

Im Herzen Frankfurts

Fitness Company Judokan GmbH • Hauptwache • Zeil 109 • 60313 Frankfurt • Telefon: (069) 28 05 65

Um wieder einmal einen Werbespruch zu zitieren: So einfach geht das! Die Anzeige ist groß genug, um beim Durchblättern der Zeitung wahrgenommen zu werden. Über die Abbildungen wird die Zielgruppe selektiert: Fitneß-Interessierte. Die Überschrift macht klar, worum es geht: eine Veranstaltung. Und eine übersichtliche, kurze Aufzählung erklärt die Vorteile für den Leser.

Auch richtig: Die Adresse ist das Unauffälligste – hier wird bei vielen Anzeigen ein Fehler gemacht. Denn erst wenn der Leser weiß, worum es geht, wo sein Vorteil liegt, ob ihn die Anzeige überhaupt interessiert – dann will er wissen, wo er hinkommen muß. Es gibt natürlich Ausnahmen: Firmen, deren größter Vorteil die Kundennähe ist (z. B. neue Bankfiliale, Arzt etc.).

Da Sie Ihren potentiellen Kunden sicher keine Kopfschmerzen verursachen wollen (es sei denn, Sie beabsichtigen, ein neues Kopfschmerzmittel auf den Markt zu bringen), empfiehlt es sich, das Gehirn der Leser nicht zu sehr zu strapazieren. Dazu gehört, den Augen eine *ordentliche* Anzeige vorzulegen. Also keine Spielereien mit schräg gestellten Texten, möglichst noch in verschiedene Richtungen oder auf dem Kopf stehend, oder gar rundgesetzten Sätzen. Auch wenn das auf den ersten Blick ganz interessant wirkt – es baut eine Hürde für den Leser auf. Denn sein nimmermüdes Gehirn muß Schwerstarbeit leisten, um Ihre kreative Gestaltung in eine Form zu bringen, die den Inhalt erfaßbar macht.

Da aber auch unser Gehirn gerne seine geregelte Arbeitszeit haben möchte, schaltet es womöglich einfach ab und sagt: „Soll doch ein anderer dieses Chaos entwirren, ich such' mir eine einfacher lesbare Anzeige!"

Eine einfache, übersichtliche Gestaltung erleichtert also in jedem Fall die Aufnahme der Botschaft, die Sie vermitteln wollen.

Der Grund zum Anbeißen: Bilder und Zeichnungen

Sind Bilder oder Zeichnungen sinnvoll? Diese Frage läßt sich mit einem klaren „Jein" beantworten. Grundsätzlich gilt schon: Bilder erzeugen Aufmerksamkeit, der Mensch wird neugierig. Besonders neugierig ist er auf andere Menschen. Zum einen aus der nie endenden Sucht, sich mit anderen zu vergleichen, zum anderen, weil Abbildungen von Menschen immer bestimmte Emotionen auslösen – positive und negative.

Wie wir nun alle aus den meist leidvollen Erfahrungen mit Paßbildern wissen, gibt es fotogene Menschen – und die große Mehrheit der anderen. Trotzdem können viele Unternehmer nicht widerstehen, ihr eigenes Konterfei in eine Anzeige einzubauen. Der Leser soll ja sehen, „mit wem er es zu tun hat".

Und was bekommt er da manchmal zu sehen: Ein Lächeln, dem man ansieht, daß es die zwanzigste Reaktion auf das „Bitte recht freundlich" ist, leicht bis mittelstark glänzende Wangen, die alle Puderschichten überlebt haben. Gewaltsam zugeknöpfte enge Kragen, die dafür sorgen, daß der Fotografierte nur mit Mühe dem Erstickungstod entgangen ist. Oder die Ergebnisse des Volkshochschulkurses „Wie

Wenn Sie diese Anzeige nur ganz kurz ansehen, wie es der durchschnittlich interessierte Zeitungsleser macht: Sie würden mindestens vier verschiedene Anzeigen wahrnehmen! Die vielen unterschiedlichen Schriften, Einrahmungen und Gestaltungselemente lassen die Anzeige sehr unharmonisch wirken – und das schreckt vom Lesen ab, denn es bedeutet Arbeit, dieses Chaos zu sortieren! Dabei kommt das Foto des Duschkopfes für eine Zeitungsanzeige sehr gut 'raus – das ist im Prinzip ein gutes Motiv, um die Aufmerksamkeit zu fangen.

schminke ich mich richtig" – alle acht Doppelstunden in einem Gesicht.

In den allermeisten Fällen tun Sie sich und Ihrer Anzeige keinen Gefallen, wenn Sie mit Ihrem eigenen Bild werben. Wollen Sie es unbedingt, vertrauen Sie sich wenigstens einem Profifotografen an. Damit ist aber eben nicht die Paßfoto-Dame aus dem kleinen Geschäft um die Ecke gemeint, sondern ein Profi-Werbefotograf. Und überlassen Sie bitte dann ihm das endgültige Urteil, ob die Aufnahme wirklich für eine Werbung geeignet ist ...

Der Einsatz von Fotos ist auch abhängig von der Anzeigengröße: Je kleiner die Anzeige ist, um so weniger ist sie für Abbildungen geeignet. Schauen Sie sich einmal die Fotos in Zeitungen an – die Qualität ist nie sehr gut, und manchmal könnte es sich auch um ein Ratespiel handeln: Was stellt dieses Foto dar?

Voraussetzung für sinnvolle Bilder sind hervorragende Vorlagen, sprich: gute, professionelle Fotos. Das selbstgeknipste Bild von Ihrem Produkt wird kaum ausreichen. Ein Test: Legen Sie Ihr Foto auf den Kopierer. Erhalten Sie einen guten Abzug, auf dem Details klar zu erkennen sind, kann auch die Zeitung nicht mehr viel verderben. Die Gemeinheit: Es sollte ein Kopierer sein, der auch verkleinern kann, damit Sie sehen, was das Bild durch die Verkleinerung verliert.

Besser geeignet sind sogenannte Strichzeichnungen. Dabei handelt es sich um Schwarzweiß-Zeichnungen, die nur aus Linien bestehen, nicht aus Flächen. Ganz logisch: Hier gibt es klare Kontraste und wenig, das beim Verkleinern verwaschen kann.

Die halten Ihr Versprechen: Motive

Was – wenn überhaupt – sollten Sie nun abbilden? Naheliegend wäre Ihr Produkt – wenn Sie eines haben. Bieten Sie eine Dienstleistung an oder haben Sie eine große Produktpalette, sieht die Sache schon etwas schwieriger aus. Außerdem ist das Naheliegende sowieso ziemlich langweilig und unter dem Aspekt „Aufmerksamkeit erregen" nicht sehr wirkungsvoll.

Wenn Sie auf der Straße Männer im Anzug sehen, ist das ganz normal und wird von Ihnen gar nicht registriert. Sehen Sie aber einen Mann im Schottenrock, signalisiert Ihr Gehirn: Achtung – hier ist etwas Ungewöhnliches, das müssen wir uns näher betrachten!

Wenn es Ihnen Spaß macht,

unsere Werbeleiter
mit **Power,**
Know-how und
Engagement als

Werbe-Allrounder

mit **flottem Strich,**
DTP-Erfahrung und
typografischem Stil
kreativ zu unterstützen,
dann senden Sie Ihre Bewerbung mit
den vollständigen Unterlagen an:

WIV Wein International
z. Hd. Frau Andrea Schmitt
55452 Burg Layen bei Bingen
Telefon 0 67 21 / 9 65 - 4 75

Zeichnungen sind in Tageszeitungen oft Fotos weit überlegen, denn Fotografien können selten wirklich gut wiedergegeben werden. Zeichnungen versprechen zudem noch einen gewissen Unterhaltungswert, da man sie mit Comics assoziiert. (Deshalb Vorsicht mit Zeichnungen bei sehr ernsthaften Themen, z. B. Kapitalanlagen o. ä.)

Gerade Stellenanzeigen sind im allgemeinen nicht gerade ein Beispiel für interessante Gestaltung. Dabei werden sie sehr unterschätzt – sie sind die Visitenkarte des Unternehmens, auch für diejenigen, die sich nicht bewerben. Die Anzeige der WIV zeigt, daß es auch anders sein kann. Hier werden sehr einfache Zeichnungen eingesetzt, die mit dem Arbeitsgebiet in der ausgeschriebenen Position zu tun haben und gleichzeitig die Verbindung zu dem Unternehmen herstellen. Unterstützt wird das Ganze noch durch die angedeutete Schreibschrift in den Überschriften.

Überlegen Sie also, was visuell zu Ihrem Angebot paßt, aber in diesem Zusammenhang, in diesem Umfeld, nicht erwartet wird. Comicfiguren beispielsweise eignen sich dafür sehr gut. Sie sind ungewöhnlich und versprechen Unterhaltung – also schaut man sich das schon mal näher an. Wenn Sie eine wirklich originelle Figur finden können, die Ihre Unternehmensidee präsentiert, ist das ein guter Anfang. Die Betonung liegt jedoch wirklich auf „originell".

Der Schornsteinfeger als Glücksbote, der grinsende Fuchs für die Schlauheit und der süße Vogel für die Natur sind unerträglich abgenutzt.

Ein gutes Beispiel ist der leider seit Jahren nicht mehr im Einsatz befindliche IKEA-Elch gewesen, dem man in den Anzeigen noch die passenden flotten Sprüche ins Maul gelegt hatte. Eine solche Figur zu finden, ist Schwerstarbeit und wiederum kaum ohne die Hilfe eines versierten Grafikers zu schaffen.

Bei der Wahl der Bildelemente sollten Sie auch unbedingt Ihre eigenen Ansprüche im Hinterkopf haben.

Menschen als Anzeigenmotiv – stellen Sie sich einmal die Frage, was Bilder aussagen bzw. erreichen sollen. Babies sind z. B. typische Aufmerksamkeitsträger: Sie umgehen unseren Verstand und sprechen direkt mit den Emotionen, mit unserem Unterbewußtsein.

Verkaufen Sie hochpreisige Produkte oder anspruchsvolle Dienstleistungen, passen Comicfiguren kaum zu dem von Ihnen gewünschten Image.

Überlegen Sie immer, womit man Ihre Figuren oder das Bild, das Sie wählen, in Verbindung bringen könnte. Für Sie mag die Abbildung Ihrer zahlreichen, hervorragend ausgestatteten PCs ein Symbol für die Leistungsfähigkeit Ihres Schreibservices sein. Bei Ihren potentiellen Kunden weckt es vielleicht ein Gefühl von Unpersönlichkeit, der Entfremdung von den menschlichen Bedürfnissen.

Hier kann der Einsatz eines scheinbar völlig unpassenden Bildmotives, etwa einer Rose, die in einer schönen Vase auf dem Computer steht, oder der Katze, die gemütlich neben dem Drucker schläft (auch ein gutes Symbol für die Geräuscharmut des Gerätes), für eine sehr individuelle Aussage sorgen.

Wir haben genügend Teller
für Ihre nächste Feier

im Panorama-Salon
Mainzer Hof
Kaiserstraße 98 • 55116 Mainz
Telefon 06131 – 28 89 90

*Die Karrikatur hat neben der Fähig-
keit, die Aufmerksamkeit zu erregen,
einen Unterhaltungswert. Und ein
Schmunzeln ist ein Grund weiterzule-
sen.*

Wie sag ich's meinem Kunden: Text

Es gibt soviel, was Sie Ihrer geneigten Leserschaft unbedingt über Ihr
Unternehmen mitteilen wollen: Da sind die ungeheuer originelle Geschäftsidee, die supergünstigen Angebote, die geschmackvolle Aus-
stattung, die äußerst persönliche und zuvorkommende Beratung und
die geradezu unglaublich günstigen Preise. Leider erlauben Ihre Mittel
im Moment nur eine Anzeige im Format 1spaltig 20 mm Höhe – aber
es muß einfach alles gesagt werden …

Es ist sicher schwer, sich von der eigenen Begeisterung zu trennen,
wenn man sich voller Elan in die Selbständigkeit stürzt – aber Sie müssen!

Halten Sie sich immer wieder vor Augen: Niemand *will* Ihre Anzeige
lesen – Sie müssen ihn erst davon überzeugen, daß es sich lohnt. Vermeiden Sie deshalb, Ihre Leser von vornherein abzuschrecken: durch
unübersichtliche, vollgestopfte Anzeigen, bei denen man auf den ersten Blick überhaupt nicht erkennen kann, worum es eigentlich geht.

Motto find ich gut: Überschriften

Ihre Anzeige braucht eine Überschrift, die zwei Funktionen erfüllen kann, zumindest aber eine erfüllen *muß:*

Sie soll neugierig machen, und sie soll den entscheidenden Vorteil für Ihre potentiellen Kunden enthalten.

Neugier erfüllt den Zweck, den Leser zum Weiterlesen zu animieren. Nun befindet sich Ihre Anzeige in Konkurrenz zu zahllosen anderen Inseraten auf der Zeitungsseite (sofern Sie sich nicht für die Textteilanzeige entschieden haben). Gegenüber dieser Konkurrenz muß sie sich behaupten.

Annoncieren Sie als Immobilienmakler ein Hausangebot mit der Überschrift „Schönes Haus", dann werden Sie diese Aussage in verschiedenen Varianten in unmittelbarer Nachbarschaft wiederfinden („Reizvolles Anwesen", „Zauberhafte Wohnidylle", „Super-Haus").

Lautet Ihre Überschrift aber z. B. einfach nur „TEUER", wird der Leser automatisch stutzen. Er stößt auf das Unerwartete und möchte nun erfahren, ob da jemand a) überraschend ehrlich, b) einem Druckfehlerteufel aufgesessen ist oder c) was das überhaupt soll. Er liest weiter – vielleicht: „... ist unser Haus nicht. Und dazu außergewöhnlich gut ausgestattet."

Damit haben Sie die erste Hürde genommen. Bei der weiteren Argumentation sollten Sie sich auf ganz wenige Aussagen beschränken und vor allem auf solche, die Sie von Ihrer Konkurrenz unterscheiden. Das kann im o. g. Beispiel die freie Wahl der Innenausstattung sein oder der Japanische Steingarten, der von einem Gartenarchitekten gestaltet wird.

Bietet Ihr Produkt keine echten Unterscheidungsmöglichkeiten von der Konkurrenz, dann überlegen Sie sich, was Sie als zusätzlichen Service anbieten können. Beim Beispiel Immobilien: Haben Sie einen Innenarchitekten, der Ihren Kunden beratend bei ihrer Einrichtung zur Seite steht? Übernehmen Sie die komplette Abwicklung des Schriftverkehrs für den Kaufvertrag?

Wenn Sie Ihre persönliche *Positionierung* – das ist der Fachausdruck – im Markt gefunden haben, dann schreiben Sie darüber: Alle Tips, die Sie im Kapitel „Direktmarketing" für das Schreiben finden, gelten in ähnlicher Form auch für andere Medien.

Die Kraft der zwei Herzen: Emotionen

Bei der Formulierung von Texten gibt es zwei grundsätzliche Richtungen: Sie können *informativ* oder *emotional* sein.

Im ersten Fall versuchen Sie den Leser über den Verstand direkt zu erreichen, im zweiten wollen Sie ihn über seine bewußten oder unbewußten Reaktionen auf emotionale Äußerungen erwischen.

Meist wird der zweite Weg besser funktionieren. Der Dialog mit dem Verstand Ihrer Leser setzt voraus, daß dieser Verstand gerade wach und einsatzbereit ist. Denn er muß ganz schön hart arbeiten, um Ihren Argumenten zu folgen. Haben Sie wirklich einen echten Knaller zu bieten („Freistehendes Einfamilienhaus in der Münchner Innenstadt, 200 qm Wohnfläche, 200 000 DM") – kein Problem, da wird selbst der müdeste Verstand begeistert aufhorchen.

Ansonsten müssen Sie Ihrem Leser nicht *Ihr* Produkt, sondern *seine* Träume, Bedürfnisse, Wünsche verkaufen. („Ihr Blick morgens aus dem Fenster trifft nur auf reizvolles Grün, das Zwitschern eines Vogels begrüßt Sie auf Ihrem Balkon, und Sie werden mit dem beruhigenden Gedanken frühstücken, daß kein Brief eines Vermieters mit der nächsten Mieterhöhung in Ihrer Post liegt.")

Überlegen Sie sich, welche tieferen Bedürfnisse Ihrer potentiellen Kunden Sie mit Ihrem Produkt oder Ihrem Angebot erfüllen. Ist es vielleicht ein Computerprogramm? Dann ist das vordergründige Bedürfnis, *eine Aufgabe zu lösen* (z. B. Lagerbestandsführung per PC). Etwas weitergedacht, werden Sie darauf kommen, daß Ihr Produkt Ihrem Käufer *Zeit* schenkt. Und noch einen Schritt weiter könnte es sein, daß Sie seinen Wunsch nach *Sicherheit* befriedigen können. (Er hat durch Ihr Programm immer den aktuellsten Lagerbestand, kann rechtzeitig reagieren und kommt nie in Lieferschwierigkeiten.)

Sie sehen – das naheliegendste Argument ist durchaus nicht immer das interessanteste für Ihre Zielgruppe!

Diese Komplexität zeigt aber auch, daß es sinnvoll ist, Ihre Anzeigen von einem Profi schreiben zu lassen. Denn eine Aussage so zu formulieren, daß sie wirklich die gewünschten Emotionen bei den Lesern erzeugt, ist gar nicht so einfach ...

Der Ehrliche ist der Kluge – Vergleichende Werbung

Eigentlich haben unsere Politiker im Wahlkampf seit Jahrzehnten gegen das Gesetz verstoßen: Kanzler K schalt Oppositionsführer S als unfähig. Oppositionsführer S nutzte die Aufzählung aller vermeintlichen oder tatsächlichen Verfehlungen von Kanzler K und seiner Partei zur Werbung für den Wechsel zu seiner Partei. Dabei war bis vor kurzem die sogenannte „vergleichende Werbung" – mit wenigen Ausnahmen – verboten, festgelegt im § 1 des UWG (Gesetz gegen den unlauteren Wettbewerb). Niemand durfte sagen, Waschmittel Super Riese wäscht weißer als Konkurrenzprodukt Flinker Zwerg. Da die Werber aber genau solche Aussagen als besonders werbewirksam kennen, formulierte man sich mehr oder weniger elegant um die Gesetzeshürde herum.

Mit den Schritten in Richtung einiges Europa fiel auch dieses Gesetz, und der Bundesgerichtshof hat mit seinen Urteilen vom 5. Februar und 23. April 1998 die entsprechende Richtlinie des Europäischen Parlamentes inzwischen umgesetzt. Das heißt jedoch nicht, daß nun jeder alles von seinem Konkurrenten behaupten darf.

Die vergleichende Werbung ist nur dann erlaubt, wenn sie *wahr, nicht irreführend* ist und *nachprüfbare, typische Eigenschaften* miteinander vergleicht. Zudem darf der *Mitbewerber nicht herabgesetzt oder verunglimpft* werden.

Diese Voraussetzungen mögen der Grund dafür sein, warum kaum ein Unternehmen bisher von dieser neuen Freiheit Gebrauch macht. Das befürchtete Hauen und Stechen nach US Vorbild blieb aus. Etwas halbherzig aber trotzdem originell traute sich ein Autovermieter heran: Er zeigte nur die typischen Unternehmensfarben seiner Mitbewerber mit deren Preisen für ein bestimmtes Auto und dann sein eigenes Angebot. Forscher ging es beim Wettbewerb der Hamburger-Ketten zu: Im Herbst 1998 behauptete Burger King, nach einer Umfrage schmeckte 67 % der Befragten das eigene Produkt besser als das der Konkurrenz McDonalds. Angesichts des § 1 UWG haben die Burger King Leute die entsprechende, hoffentlich repräsentative Untersuchung sicher immer griffbereit für die Nachforschungen der Anwälte des Konkurrenzunternehmens gehabt.

Spötter meinen ohnehin, das Urteil des Bundesgerichtshofes nütze nur den Anwälten für Wettbewerbsrecht. Denn wie sieht das objektive

Kriterium dafür aus, daß eine Dienstleistung besser ist als die eines Mitbewerbers? Mehr Zeitaufwand pro Kunde? Bessere Ausbildung der Mitarbeiter? Gerade bei Lebensmitteln ist „gut" und „schlecht" im wahrsten Sinne des Wortes Geschmackssache... Der Hinweis auf langjährige Erfahrung, natürliche Zutaten oder Handarbeit im Zeitalter der maschinellen Lebensmittel-Produktion ist da wesentlich erfolgversprechender und rechtlich unproblematisch.

Wenn Sie sicher sagen können, daß Ihr Pizzaservice im Durchschnitt die Bestellung 10 Minuten schneller zum Kunden bringt, als Ihre Konkurrenz – dann können Sie guten Gewissens damit werben. Dazu müßten Sie aber im Vorfeld alle Pizza-Services Ihrer Stadt untersucht haben – und der damit verbundene Zeit- und Geldaufwand steht in keinem Verhältnis zum Erfolg einer solchen Aussage.

Haben Sie dagegen eine Software entwickelt, die eine bestimmte Anwendung schneller als alle Konkurrenzprodukte erledigt, können Sie damit getrost werben – die Kenntnis des Konkurrenzangebotes ist ja sicherlich die Voraussetzung und der Anstoß zu Ihrer Entwicklung gewesen.

Im übrigen empfiehlt es sich für jeden angehenden oder auch bereits etablierten Jungunternehmer, sich mit dem Wettbewerbsrecht ein wenig zu beschäftigen. Unwissenheit schützt bekanntlich vor Strafe nicht, und Vorschriften z. B. über Preisauszeichnung betreffen jeden, der Waren oder Dienstleistungen anbietet.

Zusammenfassung: Anzeigen

Kriterien für die Auswahl von Zeitungen

1. Größe = Auflage,
2. Verbreitungsgebiet,
3. Kosten,
4. Zielgruppe / Streuverlust,
5. Akzeptanz bei der Zielgruppe.

Zielsetzungen bei der Anzeigengestaltung

1. Aufmerksamkeit erregen,
2. Interesse wecken und halten,
3. Botschaft deutlich vermitteln,
4. positive Haltung zum Unternehmen / Produkt erreichen.

Fachbegriffe

Auflage: Anzahl der hergestellten Exemplare eines Druckerzeugnisses = Druckauflage.

Auflage, verkaufte: Anzahl der Exemplare, die durchschnittlich im Abonnement, Einzelverkauf und Lesezirkel verkauft werden.

Auflage, verbreitete: Verkaufte Auflage zuzüglich kostenlos verbreiteter Exemplare.

Kontakte: Anzahl der Menschen, die mit einem Werbemittel oder Werbeträger in Berührung kommen.
Die Qualität dieser Kontakte reicht vom flüchtigen Ansehen bis zur intensiven Beschäftigung (lesen).
Die Kontaktzahl ist ein wichtiges Kriterium zur Beurteilung von Schaltungskosten.

Mediaunterlagen: Zusammenstellung aller für die Werbeplanung notwendigen Angaben über ein Medium.

Medium: Werbeträger, durch den die Werbebotschaft übermittelt wird, z. B. Zeitung, Plakatwand.

Meinungsbildner: Personen, denen aufgrund ihrer beruflichen oder gesellschaftlichen Stellung eine besondere Kompetenz zugeordnet wird und die für die Meinungsbildung anderer wichtig sind (Ärzte u. a.).

Millimeterpreis: Grundlage für die Anzeigenpreise. Gemeint ist 1 mm Höhe pro Spalte einer Zeitung.

Plazierung: Standort der Anzeige innerhalb der Zeitung bzw. auf der Zeitungsseite.

Positionierung: Abgrenzung eines Unternehmens oder eines Produktes gegenüber der Konkurrenz durch bestimmte Aussagen und Vorteile.

Punkt: Größenangabe der Schriften. Ein Punkt entspricht ca. 0,4 mm Höhe, gemessen an Großbuchstaben.

Schaltung: Buchen einer Anzeige oder einer anderen Werbemaßnahme (Fernsehspot, Plakatbelegung, etc.).

Spalte: Alle Zeitungsseiten werden zur leichteren Lesbarkeit in Spalten aufgeteilt.
Bei Tageszeitungen sind sechs oder sieben Spalten üblich.

Streuverlust: Personen, die nicht der Zielgruppe angehören, die durch ein Medium erreicht werden soll.

Strichzeichnung: Schwarzweiß-Zeichnung aus Linien, ohne Flächen.

Textteil: Redaktioneller Teil einer Zeitung, im Gegensatz zum Anzeigenteil.

Verbreitung: Geographisches Gebiet, in dem eine Zeitung / Zeitschrift erscheint.

Werbemittel: Form der Werbung, also Anzeige, Plakat, Fernsehspot etc.

Werbeträger: Medium, über das die Werbebotschaft an die umworbenen Personen herangetragen wird, z. B. Fernsehen, Plakatflächen, Warenverpackung etc.

Zielgruppe: Nach bestimmten Kriterien definierte Personengruppe, die durch eine Werbemaßnahme erreicht werden soll.
Die Zielgruppe ist im allgemeinen mit dem potentiellen Käufer – oder Verbraucher – eines Produktes identisch.

2 Ohne Umwege zum Kunden: Direktmarketing

Das Naheliegende und ziemlich Kostenintensive haben wir abgehandelt – wenden wir uns jetzt den Alternativen zu. Am liebsten natürlich solchen Alternativen, die möglichst einfach zu realisieren sind und wenig bis nichts kosten. Gibt es nicht, meinen Sie? Gibt es doch!

Direktmarketing ist so eine Alternative. Hinter diesem Begriff stehen alle Maßnahmen, die sich unmittelbar (= direkt) an den einzelnen Verbraucher wenden.

Zum besseren Verständnis: Eine Anzeige spricht nicht allein Herrn Meier-Schulze an, sondern wahllos alle, die sie lesen. Ein Werbebrief dagegen wendet sich direkt und ausschließlich an den besagten Herrn Meier-Schulze.

Unter den Begriff des Direktmarketing fallen noch andere Maßnahmen, wir konzentrieren uns aber hier auf den wichtigsten Aspekt: Briefe.

Auch dabei eröffnen sich die beliebten Kategorien, ohne die die Welt so schrecklich unordentlich wäre: die „normalen" Briefe des täglichen Geschäftsverkehrs und die Aktionsbriefe.

Das große Band der Sympathie: Geschäftsbriefe

Wundern Sie sich, daß wir auch Ihre normale Korrespondenz zu den Werbemaßnahmen zählen? Tatsächlich mag es sogar der wichtigste Teil davon sein – wenn seine Möglichkeiten genutzt werden!

Geschäftsbriefe sind das älteste Werbemittel der Wirtschaft überhaupt, obwohl sie noch gar nicht so lange die Anerkennung dieses Status' haben. Das, was schriftlich an Nachrichten zwischen Geschäftspartnern ausgetauscht wird, prägt das Bild von den Unternehmen.

Sicherlich wurde die schriftliche Kommunikation immer mehr abgelöst durch das schnellere Telefonat. Briefe haben aber ein besonderes Gewicht, sind sie doch gleichzeitig Dokumente, die einen Geschäftsvorgang ausführlich belegen.

Inzwischen kehrt sich das Blatt durch den rasanten Siegeszug der Telefaxgeräte wieder etwas um: Clevere Geschäftsleute haben längst erkannt, daß faxen günstiger ist, als einen Brief mit der Post zu senden, und dem Telefon dann überlegen, wenn ein „Gespräch" dokumentiert werden soll.

Auf diese Steine sollten Sie bauen: Briefform

Briefe sind also wichtig. Ein Blick auf die Korrespondenz deutscher Unternehmen läßt allerdings den Schluß zu, daß diese Bedeutung kaum Auswirkung auf den Alltag der Verfasser hat.

Da werden gedankenlose Routineschreiben heruntergetippt, oft genug noch ohne die geringste Rücksicht auf moderne Briefformen. So findet manche Abteilungsleiterin am Anfang eines arbeitsreichen Tages immer noch Briefe mit der scheinbar unausrottbaren Anrede: „Sehr geehrte Herren …" in ihrer Post. Auch wenn sie bisher nie große Ambitionen hatte, ständig die mangelnde Emanzipation der Frau zu beklagen – spätestens jetzt fühlt sie sich gefordert. Und der Versuchung, den „Herren" ein Schreiben mit der Anrede „Sehr geehrte Damen …" zurückzuschicken, läßt sich nur schwer widerstehen.

Auch scheinen vor allem die Sekretärinnen, die es besser wissen (müßten), in den Vorstandsetagen der Unternehmen noch wenig Erfolg zu haben, wenn es um die Briefform geht.

Da wird weiterhin fleißig mit antiquierten Formulierungen Mißbrauch getrieben: Man „erlaubt sich" mitzuteilen, man „bittet um die geschätzte Aufmerksamkeit", „empfiehlt sich" dem Leser und verabschiedet sich „hochachtungsvoll".

Der Effekt: Jeder Brief klingt wie der andere, und alle hören sich an wie aus Großvaters Kohlenhandlung. Keine Spur von Profilierung, Persönlichkeit und Individualität.

❗ Ergänzende Informationen

Wichtige Tips für gute Briefe finden Sie auch bei den Profis. Was für den Umgang mit Sprache bei Anzeigentexten gilt, hilft Ihnen auch bei Ihrer ganz alltäglichen Korrespondenz. Mehr dazu finden Sie auf Seite 46.

Vor zehn Jahren noch hätte sich solche harsche Kritik mühelos mit dem Zauberwort gegen alle Veränderungen, „keine Zeit", entkräften lassen. Heute wirkt es nicht mehr. Die weite Verbreitung von PCs oder zumindest Speicherschreibmaschinen macht Individualität auch ohne großen Zeitaufwand möglich.

Natürlich ist der Einsatz am Anfang relativ groß: Textbausteine und Musterbriefe müssen schließlich erst einmal erdacht und eingegeben werden. Ist diese Arbeit jedoch geschafft, kann die Qualität der Korrespondenz erheblich verbessert werden.

Diese Verbesserung muß – um wirksam zu sein – alle Bereiche des Unternehmens erfassen: vom Angebot über die Auftragsabwicklung bis zur Rechnung. Und wenn es erforderlich ist, auch bei einer Mahnung.

Genug der theoretischen Einstimmung auf die hohen Weihen der guten und erfolgreichen Korrespondenz. Was zeichnet denn nun tatsächlich einen guten Briefstil aus?

1. Moderne Briefregeln einhalten

Damit ist der Gestaltungsrahmen gemeint. Es gibt Regeln, was heute wo in einem Brief stehen sollte. Das beginnt bei der Adresse, geht über das Datum, den Betreff, die Anrede, bis hin zur Grußformel.

Sie können jetzt mit Fug und Recht auf Ihre Individualität pochen und darauf bestehen, die hundertjährige Familientradition des Rechts-Unterschreibens fortzusetzen. Das Dumme ist nur: Die Leser Ihres Briefes wissen von dieser Tradition nichts und registrieren einfach, daß Sie ziemlich altmodische Briefe schreiben.

Die Grundlage dieser Regeln sind z.B. die DIN-Vorschriften 676 und 5008, ausführlich erklärt in zahlreichen Ratgebern und in jedem Schulbuch für angehende Sekretärinnen. Oder direkt zu beziehen bei Beuth-Verlag, Burggrafenstraße 6, 10787 Berlin, Tel. (0 30) 26 01 22 60, Fax (0 30) 26 01 12 60. Weitere Informationen gibt es auf der Homepage des Beuth-Verlages: http://www.din.de/menu/beuth.html

FIAT KREDIT BANK

Postfach 1747, 74052 Heilbronn

Herrn
Manfred Mustermann
Musterstraße 1

10000 Musterstadt

Datum
28.01.99

Kreditnummer
1234567890

Z a h l u n g s e r i n n e r u n g

Sehr geehrter Herr Mustermann,

Ihre fällige Rate ist bisher bei uns nicht eingegangen.

Handelt es sich um ein Versehen?
Das ist menschlich.
Bitte prüfen Sie den Vorgang und begleichen Sie den rückständigen Betrag
in den nächsten 8 Tagen.
Für den Ausgleich haben wir beiliegenden Überweisungsauftrag vorbereitet.

Oder ist Ihnen die Zahlung zum jetzigen Zeitpunkt nicht möglich?
Auch das kann vorkommen.
Sprechen Sie mit uns. Wir werden gemeinsam eine Lösung finden.

Mit freundlichen Grüßen

FIAT Kredit Bank GmbH

*Eine Mahnung muß nicht wie eine Drohung wirken – dieses Beispiel
zeigt, daß auch dieses heikle Thema sehr kundenfreundlich behandelt
werden kann. Der Text zeigt Verständnis und bietet sogar noch Lösungen an.*

2. Vermeiden Sie Floskeln

Floskeln sind laut Lexikondefinition „nichtssagende, formelhafte Redewendungen". Typische Beispiele sind das oben erwähnte „erlauben wir uns" und ähnliches. Die Ursachen für diese Einfallslosigkeit liegen irgendwo zwischen Gedankenlosigkeit, Zeitmangel und Unvermögen. Es gibt ein einfaches Mittel, von solchen Floskeln loszukommen. Sprechen Sie sich diese Sätze vor, als würden Sie sie zu jemandem sagen.

Haben Sie schon einmal in einem ernsthaften Gespräch mit Freunden gesagt: „Ich erlaube mir, Dir einen Kinobesuch vorzuschlagen?" Wohl kaum! Warum also sollte man so etwas in einem Brief schreiben?

3. Freundlichkeit

Sagen Sie ein paar nette Dinge in Ihrem Brief – es macht Ihr Schreiben in dem Stapel, den Ihr Geschäftspartner täglich an Post bewältigen muß, zu etwas Besonderem. „Freuen" Sie sich auf das Angebot, das Sie angefordert haben. Sagen Sie „Herzlichen Dank" für das Interesse an Ihrem Angebot. Überlegen Sie sich positive Formulierungen, die Ihrem Leser klarmachen, daß er für Sie mehr als ein beliebiger Geschäftspartner ist: ein Mensch, mit dem Sie gerne zusammenarbeiten.

Auch wenn Sie es mit einem echten Widerling zu tun haben – Höflichkeit ist eine Methode, auch mit Menschen, die man nicht mag, zurechtzukommen!

Ansonsten sind alle Methoden, die bei einem gezielten Werbebrief eingesetzt werden, auch in dem alltäglichen Briefwechsel wirkungsvoll. Und die moderne Textverarbeitung ermöglicht es, die gesamte Korrespondenz auf diesen Stil umzustellen.

Nicht immer, aber immer öfter: Werbebriefe

Jetzt kommen wir zum geplanten Direktmarketing: der direkten Ansprache des (potentiellen) Verbrauchers.

Mit Werbebriefen können Sie eine ganze Menge unterschiedlicher Dinge erreichen:

– Sie können Ihr neues Unternehmen vorstellen.
– Sie können ein bestimmtes Produkt vorstellen.
– Sie können ein konkretes Kaufangebot machen.

- Sie können einen Telefonanruf zur ersten Kontaktaufnahme ankündigen.
- Sie können Ihren Besuch mit dem gleichen Ziel ankündigen.
- Sie können den Empfänger auffordern, etwas zu tun – z.B. in Ihr Geschäft zu kommen.

Das alles kann funktionieren – aber nicht alles auf einmal! Damit hätten wir auch schon unsere erste Voraussetzung für Ihren effizienten Werbebrief:

Setzen Sie sich nur ein Ziel, und behalten Sie es beim Formulieren Ihres Briefes konsequent im Auge.

Wollen Sie ein systematisches Direktmarketing aufbauen, empfiehlt es sich, nicht gleich mit der Tür (oder dem Brief) ins Haus zu fallen. Stellen Sie in Ihrem ersten Brief z.B. erst mal ganz harmlos Ihr Unternehmen vor. Das nächste Schreiben könnte sich dann mit einem konkreten Produkt befassen, das aber auch noch ohne konkrete Kaufaufforderung einfach nur präsentiert wird.

Schritt drei kann wahlweise die Ankündigung Ihres Anrufes, die Bitte um einen Gesprächstermin oder aber das konkrete Kaufangebot sein.

Weiter geht es dann mit dem angekündigten Anruf, je nach Intention mit dem Ziel, bereits telefonisch ein Gespräch über eine mögliche Zusammenarbeit zu führen oder um nochmal den persönlichen Gesprächstermin anzustreben. Bei der Alternative „konkretes Kaufangebot" wäre dann ein Anruf fällig, um festzustellen, ob Interesse besteht.

Die Abfolge der verschiedenen Schritte gilt natürlich nur für den Fall, daß auf die Briefe keine Reaktion des Angeschriebenen kommt. Wenn man nicht gleich auf den ersten oder zweiten Brief reagiert, ist das keine Absage – es kann viele Gründe haben: Zeitmangel, Vergeßlichkeit usw. Aber auch bei einer definitiven Absage – schriftlich, telefonisch, persönlich – sollte noch ein Brief folgen. Bedanken Sie sich für die Aufmerksamkeit und die deutliche Meinungsäußerung und fragen Sie, ob man an anderen Produkten interessiert ist. Damit ergibt sich folgender Tip:

Bauen Sie sich als Neuling ein systematisches Direktmarketing auf, das Ihre Ziele schrittweise unterstützt!

Wir haben den äußerlichen Rahmen ein wenig abgeklopft, also drängt sich nun automatisch die interessante Frage nach dem „WIE?" auf.

Ihr Brief muß wichtig für den Empfänger sein. Es ist ihm völlig gleichgültig, was *Sie* davon haben, wenn er tut, was Sie wollen – er will wissen, was *sein* Vorteil ist. Also sprechen Sie nur von diesen Vorteilen: *Seine* Sekretärinnen werden entlastet, wenn er !hren Schreibservice in Anspruch nimmt. *Sein* Unternehmen wird effizienter arbeiten, wenn Sie ihn als Unternehmensberater betreuen. *Seine* Nerven werden geschont, wenn Sie als Fliesenleger sich *seines* Bades annehmen. Das Prinzip ist einfach:

Sprechen Sie nicht über sich selbst, sondern über Ihren Leser!

Gehen Sie bitte nicht davon aus, daß der Empfänger Ihres sorgfältig geschriebenen Briefes diesen auch liest. Für Sie mag das wichtig sein, was Sie erzählen – Ihren Leser müssen Sie auf den ersten Blick davon überzeugen. Der „erste Blick" ist wirklich so zu verstehen.

Es gibt eine ganze Menge Studien über das Leserverhalten bei Werbebriefen. Dabei hat man einen bestimmten Ablauf des Blickverlaufes beim Lesen festgestellt. Wenn Sie das bei sich selbst überprüfen, werden Sie feststellen, daß es zutrifft:

Bevor Sie anfangen zu lesen, sammeln Sie schnell die wichtigen Informationen:

1. Ist der Brief an mich gerichtet? ➡ Adresse
   (Übrigens ist eine falsch geschriebene Adresse oder gar ein fehlerhafter Name ein rasanter Schritt auf dem Weg zum Papierkorb für Ihren Brief!)
2. Welche Firma schreibt mir? ➡ Absender
3. Wer schreibt mir? ➡ Unterschrift
4. Worum geht es? ➡ Betreff

Erst wenn diese Punkte zur Zufriedenheit des Lesers geklärt sind, beginnt er sich mit dem eigentlichen Text zu befassen. Sie sehen, es gibt also einige Hürden zu vermeiden. Die höchste ist sicherlich der Betreff. Hier müssen Sie es mit einem Satz schaffen, das Interesse des Lesers zu gewinnen. Gar nicht so einfach!

Das folgende Beispiel zeigt das Prinzip: Angenommen, in einem kleineren Ort oder Stadtteil eröffnet ein neues Lebensmittelgeschäft – das dritte am Platz. Der Inhaber entscheidet sich für eine Postwurfsendung an alle Haushalte in der Nachbarschaft, um sein Unternehmen vorzustellen. Im Betreff des Briefes schreibt er:

„Neues Lebensmittelgeschäft in Ihrer Nachbarschaft"

Wenn es in diesem Ort noch keine solche Einkaufsmöglichkeit gäbe, wäre auch dieser Satz eine echte und interessante Neuigkeit. So ist es nur ein weiteres Geschäft.

Steht da aber im Betreff:
„Wir tragen Ihre Einkaufstaschen!"
wird der Leser mit Sicherheit neugierig – wer hat sich nicht schon mit schweren Taschen abgeschleppt! Er wird es vielleicht gar nicht so recht glauben, daß ein Laden so etwas heute noch macht – aber er liest weiter, und sei es nur, um den vermuteten „Haken" bei der Sache herauszubekommen.

Natürlich dürfen Sie solche Vorteile nur versprechen, wenn Sie das Angebot *ohne* einen solchen Haken („Pro Lebensmitteltransport zahlen Sie 20% des Einkaufswertes") halten können (siehe Musterbrief).

Aber dann haben Sie es bereits mit einem einzigen guten Satz im Betreff geschafft, die volle Aufmerksamkeit Ihrer Leser für Ihre Werbung einzufangen.

Der nächste Tip lautet also:

> Suchen Sie für den Betreff den Vorteil Ihres Unternehmens, der Sie von der Konkurrenz unterscheidet!

Jetzt haben Sie einen Anspruch, dem Sie gerecht werden müssen. Geht Ihr Text langweilig oder auch nur konventionell weiter, steigen die Chancen auf die Ablage im Papierkorb wieder.

Zeigen Sie Ihrem Leser lieber, daß Sie genau wissen, wo ihn der Schuh drückt. Eine Einleitung wie: „... wir möchten Ihnen unser neuestes Produkt für die richtige Bewässerung Ihrer Pflanzen vorstellen ..." sagt zwar, worum es geht – aber Sie sprechen wieder über sich selbst. Was aber hat der Kunde von diesem Produkt?

„Haben Sie sich auch schon oft darüber geärgert, daß Ihre Pflanzen trotz Ihrer Pflege verkümmern? Das kann an der schwierigen Bewässerung liegen. Ihre Pflanzen können aufatmen: Jetzt gibt es ein neues Diagnosegerät, das Ihnen genau sagt, wieviel Wasser Ihre Grünpflanzen benötigen!"

In dieser Einleitung dreht sich, wie Sie sehen, alles nur um den potentiellen Kunden. Sie sagen ihm, daß Sie seine Bedürfnisse kennen und bieten ihm eine Lösung an.

Im weiteren Text können Sie die Erleichterung, die dieses Gerät bedeutet, noch ausbauen.

In der Einleitung muß das Interesse des Lesers wachgehalten und gesteigert werden. Zeigen Sie ihm, daß Sie seine Bedürfnisse erkannt haben, und bieten Sie die Lösung an!

Nun müssen Sie diese Linie konsequent durchhalten.

Bleiben Sie bei den Vorteilen, die der Kunde von Ihrem Angebot hat.

Ihr Brief darf nur von für den Kunden entscheidenden Dingen sprechen.

Verlieren Sie sich nicht in ausschmückenden Worten, die mit dem eigentlichen Thema – Ihrem Produkt oder Ihrem Unternehmen – nichts zu tun haben. Sie langweilen damit, und die Aufmerksamkeit sinkt in Richtung Papierkorb-Tauglichkeit. Ihr Text muß weiter die Vorteile für den Kunden in den Vordergrund stellen, mit einem Ziel:

Ihr Brief muß auf den Verkauf orientiert sein.

Verkaufsorientiert bedeutet nicht zwangsläufig den Kauf Ihres Produktes. Sie können dem Leser ja auch Ihr Unternehmen oder das Interesse an einem Termin „verkaufen".

Eine Motivation für den potentiellen Kunden, sich für Sie und Ihr Angebot zu interessieren, ist das Empfinden, daß ihm hier eine Chance geboten wird, etwas, das er sich nicht entgehen lassen will.

Vermitteln Sie Ihrem Leser das Gefühl, etwas zu verpassen, wenn er auf Ihr Angebot nicht eingeht.

Soweit haben Sie nun tapfer um die Aufmerksamkeit des Lesers gekämpft. Nun müssen Sie ihm aber auch sagen, was Sie von ihm wollen: Soll er anrufen, bestellen, zu Ihnen kommen?

Sagen Sie zum Ende Ihres Briefes deutlich, was der Leser jetzt tun soll.

Der letzte Satz Ihres Briefes sollte noch einmal ein positiver Gedanke sein, etwa über den gemeinsamen Erfolg oder einfach ein freundlicher, menschlicher Schluß: „Sie sehen, unser Diagnosegerät ist eine echte Arbeitserleichterung für Sie und bringt Ihnen mehr Freude an Ihren Grünpflanzen!" oder: „Herzlichen Dank für Ihre Aufmerksamkeit, wir freuen uns auf Ihren Anruf!"

Beschließen Sie Ihren Text mit einer positiven Zusammenfassung des Angebotes und/oder einem freundlichen Dank.

Aber, werden Sie jetzt einwenden, wie kann ich mich denn auf einen Anruf freuen, von dem ich gar nicht weiß, ob er überhaupt stattfindet? Das ist ja gerade der Trick:

Formulieren Sie Ziele, die Sie erreichen wollen, als bereits bestehende Tatsache.

Damit dokumentieren Sie die Sicherheit, daß Ihr Produkt überzeugt!

Hier sind noch einige weitere kurze Tips, die die Zusammenstellung vervollständigen:

- Verwenden Sie nur einen Schrifttyp, also keine Mischung, z.B. mit Kursivschriften!

- Schreiben Sie nicht mehr als eine DIN-A4-Seite!

- Schreiben Sie kurze Sätze, möglichst nicht mehr als eine Information pro Satz!

- Sprechen Sie den Leser immer direkt mit „Sie" an!

- Bilden Sie sinnvolle Absätze, das erleichtert die Lesbarkeit des Textes!

- Heben Sie nur sehr wenige, wirklich entscheidende Argumente durch Fettdruck hervor!

- Versuchen Sie, einigermaßen leserlich zu unterschreiben, ansonsten setzen Sie Ihren Namen noch einmal gedruckt unter die Unterschrift.

- Verbessern Sie unter keinen Umständen sichtbar den Brief!

Muster-Werbebrief

Multi-Markt Musterdorf *(1)*

Bergerstraße 104, 12345 Musterdorf, Telefon (0 11) 53 64 31 *(2)*

An alle Haushalte (3)   September 1996 *(4)*

Wir tragen Ihre Einkaufstaschen! *(5)*

Guten Tag, liebe Nachbarn! *(6)*

Möchten Sie *(7)* gerne in Ihrer *(7)* Nachbarschaft einkaufen, weil es Ihnen *(7)* viel Zeit spart? Oder weil Sie *(7)* der Umwelt zuliebe auf Ihr *(7)* Auto verzichten möchten? *(8)*

Dann geht es Ihnen *(7)* wie vielen anderen Menschen auch *(9)* – aber es ist oft gerade für ältere Menschen *(10)* sehr anstrengend, die Einkäufe nach Hause zu bringen *(11)*: Getränkekisten, Konservendosen – das ist alles viel zu schwer! *(12)*

Einzelhandelsgeschäfte bringen mehr Lebensqualität in die Nachbarschaft *(13)* – deshalb haben wir uns vorgenommen, diese Einkaufsmöglichkeit für Sie *(7)* wieder attraktiv zu machen:

Wir liefern Ihre *(7)* schweren Einkäufe im Laufe des Tages kostenlos ins Haus! *(14)*

Kommen Sie *(7)* mit Ihrem *(7)* Einkaufswagen nach dem Bezahlen einfach zu unserer Frau Müller *(15)* an den Informationsschalter – sie wird alles weitere veranlassen. *16)*

Sie *(7)* finden bei uns ein reichhaltiges Sortiment aller Waren, die Sie *(7)* täglich brauchen: von Obst und Gemüse, unserer Fleisch- und Käsetheke bis zu Spirituosen und Konserven. *(17)*

Wir freuen uns auf Ihren *(7)* Besuch! *(18)*

Ihr *(7)* Marktleiter *(19)*

– Unterschrift – *(20)*

Heinrich Schmidt *(21)*

PS: Obst und Gemüse kaufe ich persönlich für Sie *(7)* täglich frisch auf dem Großmarkt ein! *(22)*

Erläuterungen zum Musterbrief

(1) Der Firmenname muß deutlich im Briefkopf lesbar sein. Bei diesem Beispiel, einem Einzelhandelsgeschäft, ist es wichtig, daß der Schriftzug der gleiche ist wie an dem Laden selbst – so wird der Name sofort wiedererkannt.

(2) Die wichtigen Informationen Adresse (ist der Laden tatsächlich in meiner Nachbarschaft?) und Telefon sind sofort zu finden.

(3) Das ist eine von der Post akzeptierte Formulierung für Postwurfsendungen. Diese Adressierung darf nicht beliebig sein (siehe Informationsblatt „Infopost").

(4) Bei Postwurfsendungen sollte man besser kein konkretes Datum angeben. Die Briefe können bis zur Auslieferung einige Tage bei der Post liegen, und das Datum wirkt dann veraltet, das Angebot nicht aktuell.

(5) Der Betreff gibt einen Vorteil an, der das Unternehmen deutlich von der Konkurrenz unterscheidet.

Er sollte nur einzeilig sein, maximal zweizeilig und kann durch Fettdruck hervorgehoben werden.

(6) Diese Anrede ist sehr vertraulich. Wie Sie Ihre potentielle Kundschaft ansprechen, erfordert etwas Gespür: Wer sind die Menschen? In dem eher kleinen Ort, den wir als Beispiel benutzen, ist die Formulierung in Ordnung.

„Liebe Kunden" stimmt einfach (noch) nicht. „Sehr geehrte Damen und Herren" ist für das angestrebte nachbarschaftliche Verhältnis zu förmlich.

(7) Der Leser wird immer direkt angesprochen. Sie reden nicht über sich, sondern über Ihren Leser, über die Dinge, die *ihn* bewegen, über *seine* Vorteile.

(8) In diesen ersten beiden Sätzen wird gezeigt, daß die Wünsche des Lesers bekannt sind. Gleichzeitig sind das positive Argumente für das Einkaufen in der Nachbarschaft.

(9) Hier wird eine Gemeinsamkeit mit anderen Menschen hergestellt: Sie (der Leser) machen, was andere auch tun. Wenn Ihr Leser bisher noch nicht auf die Idee gekommen ist, kann es aber auch heißen: Alle kaufen in der Nachbarschaft ein – warum Sie nicht?

(10) Hier wird eine Zielgruppe definiert: Gerade für ältere Menschen ohne Auto ist das Einkaufen eine beschwerliche Angelegenheit und damit das Angebot sehr interessant.

(11) Gleichzeitig wird Verständnis, Mitgefühl für dieses Problem gezeigt.

(12) Ein bißchen gemeinsames Ärgern über die schweren Verpackungen ...

(13) Dieser Behauptung wird sicher niemand widersprechen. Im Zusammenhang mit den anderen Aussagen im Text ist es ein positives Argument für das werbende Unternehmen.

(14) Das ist der Kernsatz des Briefes. Er enthält alle wichtigen Informationen über das im Betreff genannte Angebot.
Er macht klar, daß es keinen Haken dabei gibt („kostenlos") und nennt genauere Daten („im Laufe des Tages"). Gleichzeitig wird das Angebot sinnvoll eingeschränkt („schwere Einkäufe"), da nicht jeder seine Tafel Schokolade nach Hause geliefert bekommen will. Der Fettdruck stellt auch noch eine optische Verbindung zum Betreff her.

(15) Konkret den Namen eines Ansprechpartners zu nennen, baut Hemmschwellen ab – man weiß, mit wem man es zu tun hat, nach wem man fragen kann.

(16) Mit diesem Satz wird der Ablauf des Services klargemacht: Der Leser weiß, wie er das Angebot in Anspruch nehmen kann, es wird dadurch auch glaubwürdiger.

(17) Hier wird ganz kurz das komplette Angebot des Geschäftes beschrieben. Da sich ein Werbebrief möglichst auf eine Aussage/ ein Angebot konzentrieren sollte (hier ist es eben der Lieferservice), reicht diese Kurzform aus.

(18) Ein freundlicher Abschluß, der den Erfolg des Briefes nicht in Frage stellt (wie etwa: „Wir *würden* uns freuen ...").

(19) So weiß der Leser, wer ihm schreibt.

(20) Die Unterschrift sollte gut lesbar sein.

(21) Da das nie 100%ig gewährleistet ist, wird der komplette Name nochmals per Maschine geschrieben.

(22) Das PS ist nach dem Betreff und dem fettgedruckten Kernsatz eine der ersten Aussagen, die aufgenommen werden, bevor der gesamte Brief richtig gelesen wird. Deshalb ist es bewußt für eine weitere sehr positive Aussage eingesetzt.

Das haben Sie nicht verdient: Papierkorb-Fallen

In dem vorangegangenen Abschnitt haben wir von den Fehlern geschrieben, die einen Werbebrief dem Papierkorb näherbringen.

Damit ist das Problem gemeint, daß grundsätzlich niemand Werbebriefe lesen *will*. Einen Werbebrief zu schreiben gleicht also einem ständigen Kampf gegen das Desinteresse des Lesers. Gute Texte nutzen in diesem Kampf die immer wache Neugier und die allzu menschliche Dauersuche nach dem eigenen Vorteil ebenso aus, wie die Angst, eine Chance zu verpassen. (Was gibt es für einen schlimmeren Alptraum, als glücklich sechs Richtige auf dem Lottoschein anzukreuzen, um am Samstagabend zu entdecken, daß man vergessen hat, den Schein abzugeben!)

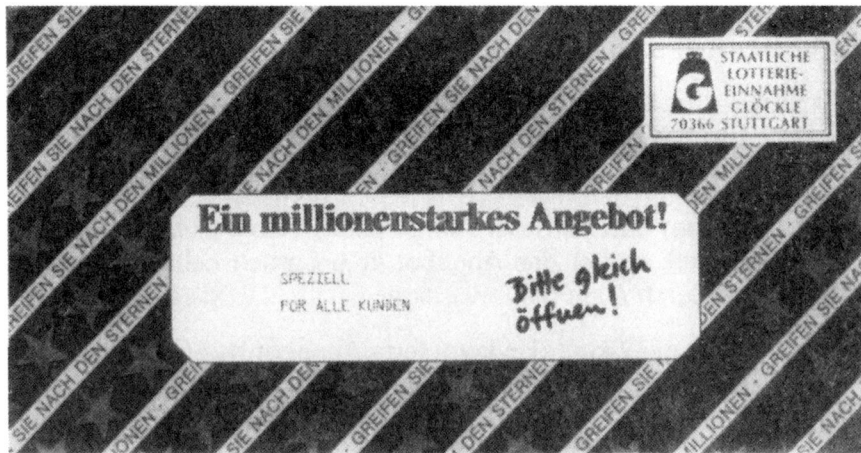

Diese Gestaltung erübrigt den Aufkleber „Bitte keine Werbung" auf dem Briefkasten: Sie läßt keinen Zweifel daran, um was es geht! Das macht es dem Empfänger schön einfach, auf dem Weg vom Briefkasten eben kurz einen Zwischenstop am Mülleimer einzulegen und den Brief ungeöffnet zu entsorgen.

Die Formulierung „Speziell für alle Kunden" ist die Krönung dieser Gestaltung – ein Widerspruch in sich! Wie kann etwas, das für **alle** *ist, denn* **speziell** *sein?*

Weil der Leser aber nun eigentlich gar keine Lust hat, sich mit dem Werbebrief zu beschäftigen, nimmt er dankbar alle Hilfe an, die der Verfasser ihm bietet, um eine Entschuldigung zu finden, den Brief doch endlich in den Papierkorb zu werfen.

Das sind die sogenannten „Papierkorb-Fallen" – alles schön wissenschaftlich erforscht und mit prozentualen Angaben über die Wahrscheinlichkeit, im Abfall zu landen, versehen.

Hier sind die gravierendsten Fehler für den Weg in die Rundablage:

- Der Brief ist mit schönen bunten Aufdrucken bereits von außen als Werbung erkennbar: Da besteht kaum eine Gefahr, etwas zu verpassen, vor allem, wenn es auch noch klar erkennbar um ein Produkt geht, das mich nicht interessiert!

- Name und/oder Adresse sind falsch geschrieben:
Das geht ganz hart an die Eitelkeit: Namen sind in manchen Kulturen so wichtig, daß man sie einem Fremden nicht nennt aus Angst, er könne sonst Macht über den Namensinhaber erlangen. Solche archaische Ängste würden wir natürlich nicht zugeben – aber Namen haben sehr viel mit unserer Persönlichkeit zu tun. Sie werden gehaßt und geliebt, für Glück und Unglück im Leben verantwortlich gemacht. Und sagen immer eines: Das bin ich!

- Keine individuelle Adresse und/oder Ansprache im Brief: Bei Aktionen, bei denen man die Adressaten nicht persönlich kennt, läßt sich das oft nicht vermeiden. Aber es ist auf jeden Fall ein negativer Punkt, da es den Brief als Massenprodukt kennzeichnet.

- Etikett mit Adresse im Anschriftenfeld des Briefes: Hier gilt das gleiche wie beim vorangegangenen Punkt.

- Es ist nicht sofort erkennbar, worum es bei dem Schreiben geht: Ein nichtssagender oder sogar fehlender Betreff, umständliche, inhaltsleere Einleitungen – das stiehlt dem Leser sein kostbarstes Gut: Zeit.

- Worte sind durchgestrichen, korrigiert: Schlampige Briefe geben genaue Auskunft über den Absender – schlampige Firma!

- Unterschrift unleserlich, Ansprechpartner nicht erkennbar: Der Mensch ist immer auf der Suche nach persönlichen Beziehungen. Er möchte nicht von einem anonymen, nicht faßbaren Unternehmen angesprochen werden, sondern von einem Menschen.

- Veralteter Briefstil; auch hier gilt: Der Stil wird auf das Unternehmen übertragen.

Kaiser gehört dazu: Zielgruppen

Bevor Sie nun die gesammelten Tips in die Tat umsetzen, halten wir uns doch noch einen Moment bei der nicht ganz unwichtigen Frage auf: An wen schreiben Sie denn eigentlich?

Beantworten können wir diese Frage hier natürlich nicht, schließlich hängt das ja von Ihrem Geschäftsbereich ab. Dazu gibt es jedoch einige allgemeine Überlegungen.

Zunächst ist es wichtig, daß Sie sich überhaupt Gedanken über Ihre Zielgruppe(n) machen. Das hilft Ihnen, Ihre Werbemaßnahmen systematisch aufzubauen und Ihre Finanzen gezielt einzusetzen.

Neben dem naheliegenden Personenkreis gibt es noch andere Menschen, die für Sie wichtig sein können.

Nehmen wir das Beispiel Schreibbüro. Sie denken vielleicht zuerst an Freiberufler, die keine eigene Sekretärin haben. Interessant können aber auch die größeren ortsansässigen Firmen sein, bei denen es immer wieder Engpässe durch Krankheit oder Urlaub gibt.

Eine weitere Zielgruppe finden Sie an den Universitäten und Fachhochschulen: Da sind Examensarbeiten und Dissertationen zu tippen.

Denken Sie einfach mit Freunden über das Naheliegende hinaus, und Sie werden feststellen, daß Sie auf eine Fülle von Personengruppen stoßen, die entweder direkt Ihre Dienste benötigen könnten oder Sie zumindest empfehlen.

Heute ein König: Meinungsbildner

Davon haben Sie bereits im Kapitel „Anzeigen" gelesen – auch Menschen, die nicht selbst Kunden werden, sind sehr interessant, wenn sie zu den sogenannten „Meinungsbildnern" gehören. Personen, deren Ansicht oder Rat für andere wichtig ist. Also Presseleute, Persönlichkeiten des öffentlichen Lebens, aber auch z. B. Unternehmensberater.

! Ergänzende Informationen

Schauen Sie sich auch einmal die ausführlichen Informationen zum Thema Meinungsbildner beim Thema Anzeigen an. Mehr dazu finden Sie auf Seite 25.

Überzeugen Sie einen Unternehmensberater von Ihrem guten Angebot, wird er Sie vielleicht dem einen oder anderen Kunden empfehlen. Er selbst profiliert sich damit als Ratgeber in allen Lebenslagen, und Sie haben einen Auftrag!

Die tolle Liste: Adreßmaterial

Einige wichtige Ansprechpartner werden Sie kennen; um gezieltes Direktmarketing zu betreiben, sind Sie jedoch meist darauf angewiesen, zusätzliche interessante Adressen zu beschaffen.

Der schwere Weg geht über Telefonbuch oder Branchenverzeichnis: raussuchen und abschreiben. Einfacher geht es mit gekauften Adressen. Kaufen können Sie sie bei Adreßverlagen – deren Adresse finden Sie wiederum z. B. im Branchenverzeichnis oder in dem Nachschlagewerk „Stamm" – aber auch bei den Kammern.

Die Industrie- und Handelskammer oder die Handwerkskammer gibt Ihnen sehr kostengünstig die Adressen aller Unternehmen, die in dem Bezirk angemeldet sind. Das Adreßmaterial können Sie auch selektieren, z. B. nach Branchen, Unternehmensgrößen, Orten. Und Sie können wählen, in welcher Form Sie es bekommen: als Adreßaufkleber, EDV-Liste oder Diskette.

Bei den Adreßverlagen gehen die Selektionsmöglichkeiten noch weiter. Bei bestimmten Kriterien ist aber Vorsicht geboten. Geht es um die Einkommensverhältnisse, sind das geschätzte Werte, die z. B. durch Beurteilung der Wohnverhältnisse ermittelt werden – mit den entsprechenden Ungenauigkeiten.

Auch wird das Alter bei dieser Zuordnung nicht berücksichtigt: So können Sie zwar einen vermögenden Menschen mit Ihrem Immobilien-Angebot ansprechen, womöglich steht er aber kurz vor dem achtzigsten Geburtstag und hat wenig Interesse an einer gesicherten Altersversorgung per Wohneigentum!

Erkundigen Sie sich im Zweifelsfall also lieber, woher die Adreßverlage ihre Daten beziehen.

Meine Quelle: eigene Adreßdatei

Die wertvollste Adreßdatei bauen Sie sich selbst auf: Behandeln Sie jede Kundenadresse wie einen kleinen Schatz, denn das ist sie für Ihre

Zukunft. Es ist wesentlich leichter, jemanden von Ihrem Angebot zu überzeugen, der Sie schon kennt, als „kalte" Adressaten für sich zu gewinnen.

Sammeln Sie in Ihrer Datei soviele Daten wie möglich über den Kunden. Wenn Sie wissen, wann er Geburtstag hat, rufen Sie sich mit einem Glückwunsch in angenehme Erinnerung. Kennen Sie das Alter seiner Kinder, können Sie als Anlageberater zum passenden Zeitpunkt mit Ihrem Kunden über die Zukunftssicherung oder Ausbildungsvorsorge für diese Kinder sprechen.

Je mehr Persönliches Sie wissen, um so mehr menschliche Gesprächsthemen haben Sie mit ihm, und Ihr Verhältnis wird vertrauter.

Das Gesicht in der Menge: Ausstattung

Ist doch ganz einfach: Briefbogen, Umschlag, frankiert – fertig! Etwas mehr Aufmerksamkeit hat dieses Thema schon verdient.

Zum einen sollten es *aktuelle* Briefbogen sein. Also nicht die Restbestände aus der Zeit vor der Postleitzahlenumstellung oder mit der überklebten alten Telefonnummer. (Die könnten ja bei dieser Gelegenheit so schön aufgebraucht werden!) Alles andere wirkt schlampig.

Schreiben Sie eine besonders exklusive Zielgruppe an (Vorstände, wichtige Personen des öffentlichen Lebens, aber auch Ärzte, Anwälte – Menschen eben, bei denen Sie vermuten, daß sie auf einen gewissen Stil Wert legen), lohnt es sich, die Mehrarbeit in Kauf zu nehmen, die ein Briefumschlag ohne Fenster bedeutet.

Der Brief wirkt wesentlich persönlicher, und das Frankieren per Briefmarke statt des Freistemplers vervollständigt dieses.

Alles, was ein Brief braucht: Versand

Üblicherweise werfen Sie Ihre Briefe in einen Briefkasten, und die Post befördert sie dann zum Empfänger. Eine gute Methode. Noch besser wird sie mit den günstigen Versendungsformen der Post.

Wenn Sie nur eine bestimmte Region mit Ihrem Angebot erreichen wollen, dort aber möglichst jeden Haushalt, ist eine *Postwurfsendung* (Infopost) ideal. Sie können sich den Bereich einer Stadt oder eines Ortes bis zu einem Zustellbezirk – dem Gebiet eines Briefträgers – aussuchen.

Das können Sie versenden

Infopost ist eine besonders preiswerte Sendungsart des Briefdienstes. Mit Infopost sind Sie in der Lage, wirkungsvoll für Ihre Produkte und Dienstleistungen zu werben.

Sie haben die Möglichkeit, schriftliche Mitteilungen und Unterlagen zu versenden. Gratis-Proben, -Muster und -Werbeartikel sowie Fremdbeilagen (Sendungsteile anderer Absender) können beigefügt sein.

Verkaufswaren sind nicht zugelassen, ausgenommen Bücher, Broschüren, Zeitungen und Zeitschriften.

Mindestmengen

5.000 Sendungen	nach Postleitzahl in auf-/absteigender Reihenfolge geordnet oder
500 Sendungen	für **dieselbe Leitregion** (Übereinstimmung der ersten beiden Stellen der Postleitzahl) nach Postleitzahl in auf-/absteigender Reihenfolge geordnet oder
50 Sendungen	für den **Leitbereich** (Sequenz von Postleitzahlen) **der Einlieferungsstelle**, nach Postleitzahl in auf-/absteigender Reihenfolge geordnet, z.B. Leitbereich Bonn mit der Postleitzahl-Sequenz 53000 bis 53359. Über mögliche Zusammenfassungen geben die Postfilialen Auskunft. Die Städte Berlin, Bremen, Dresden, Erfurt, Frankfurt am Main, Halle, Hamburg, Koblenz, Köln, Landshut, Magdeburg, München, Regensburg, Stuttgart und Zwickau umfassen mehrere Leitbereiche, für die Sie die Sendungen bei einer Annahmestelle am Ort einliefern können.

Die Broschüre der Post AG zur „Infopost" enthält alle notwendigen Informationen. Außerdem gibt es in einigen größeren Städten inzwischen „Direktmarketing-Shops" der Post, die speziell für kleinere Unternehmen gedacht sind. Von der Beratung über die Infopost, die Vermittlung von Werbeagenturen bis zu Seminaren mit Direktmarketingfachleuten wird dort einiges geboten. 30 weitere Städte sind geplant – erkundigen Sie sich bei Ihrem Postamt! Sehr viel Wissenswertes über Direktmarketing allgemein und das konkrete Angebot der Post AG finden Sie im Internet: http://www.deutschepost.de/direktmarketing

Ihre Briefe werden dann natürlich nicht persönlich adressiert, sondern nur mit dem Vermerk „An alle Haushalte" (das ist weniger werbeverdächtig als „Postwurfsendung") versehen.

Die Kosten sind erheblich niedriger als das normale Porto. Voraussetzung: Sie müssen die Briefe in einer bestimmten Anzahl gebündelt zur Post bringen. Die Post hat ein Merkblatt mit allen Einzelheiten und einem Antragsformular, das Sie ausgefüllt mit Ihren Briefen abgeben.

Diese preiswerte Art der Versendung ist sicher nicht für hochwertige Angebote geeignet, aber eine sehr gute Möglichkeit, in einem bestimmten Gebiet bekannt zu werden.

Vermeiden Sie bei dem Brief alles, was ihn von außen als Werbung kennzeichnet: also kein Firmenzeichen oder irgendwelche Sprüche aufdrucken. Damit ermöglichen Sie nur dem Empfänger, den Brief guten Gewissens sofort ungeöffnet in den Abfallkorb zu werfen.

Neben der Post sorgen auch kommerzielle Verteilunternehmen (Branchenbuch) dafür, daß Ihr Brief im Briefkasten landet. Das rentiert sich jedoch erst bei großen Stückzahlen ab ca. 10 000 aufwärts im Vergleich zur Post.

Noch ein Tip zur Postwurfsendung: Man wird Ihnen nicht die sofortige Zustellung garantieren. Meist klappt das zwar ganz gut, aber grundsätzlich hängt es von dem sonstigen Postanfall ab. Die regulären Briefe gehen vor.

Im schlimmsten Fall bleiben Ihre Briefe drei oder vier Tage liegen. Berücksichtigen Sie das, sofern Sie in Ihrem Schreiben irgendwelche Termine erwähnen.

Zusammenfassung: Direktmarketing

Kriterien für einen guten Briefstil

1. Moderne Briefregeln einhalten,
2. Floskeln vermeiden,
3. Freundlichkeit/Höflichkeit.

Pluspunkte für effiziente Werbebriefe

1. Setzen Sie sich **ein** klares Ziel und verfolgen Sie es konsequent.
2. Sprechen Sie über Ihren Leser.
3. Formulieren Sie im Betreff den Vorteil, der Sie von Ihrer Konkurrenz unterscheidet.
4. Zeigen Sie Ihrem Leser, daß Sie seine Bedürfnisse kennen und Lösungen anbieten.
5. Sprechen Sie nur von für den Kunden wirklich entscheidenden Dingen.
6. Formulieren Sie Ziele, die Sie erreichen wollen, als bereits bestehende Tatsachen.
7. Vermitteln Sie Ihrem Leser das Gefühl, etwas zu verpassen, wenn er auf Ihr Angebot nicht eingeht.
8. Sagen Sie am Ende des Briefes deutlich, was Ihr Leser jetzt tun soll.
9. Verwenden Sie aktuelle Briefbögen.
10. Verwenden Sie einen einheitlichen Schrifttyp.
11. Schreiben Sie nicht mehr als eine DIN-A4-Seite.
12. Schreiben Sie kurze Sätze mit möglichst nur einer Information.
13. Bilden Sie sinnvolle Absätze.
14. Sprechen Sie den Leser direkt mit „Sie" an.
15. Heben Sie nur sehr wenige, entscheidende Argumente optisch hervor.
16. Unterschreiben Sie möglichst leserlich.
17. Verbessern Sie unter keinen Umständen sichtbar.

Minuspunkte für Werbebriefe

1. Der Brief ist von außen als Werbung erkennbar.

2. Name/Adresse sind falsch geschrieben.

3. Keine individuelle Anrede.

4. Etikett mit Anschrift im Adreßfeld des Briefes.

5. Der Zweck des Briefes ist sofort erkennbar.

6. Ansprechpartner nicht erkennbar.

7. Sichtbare Korrekturen.

3 Werbung im Großformat: Plakate

Bei den bisher besprochenen Werbemöglichkeiten gibt es für den umgarnten Verbraucher die Möglichkeit zu entkommen. Die Zeitung kann er zuschlagen, Fernseher und Radio ausschalten und den Werbebrief wegwerfen.

Nun wollen wir ihm aber partout keine Chance zur Flucht vor unserer Werbung geben, denn wir brauchen ihn. Und diese Möglichkeit gibt es tatsächlich: Plakate!

Die einzige Möglichkeit, einem Plakat zu entgehen, ist, die Augen zu schließen. Das könnte aber zu einer erheblichen Gefährdung sowohl von Fußgängern als auch von Autofahrern führen. Und wenn man in seinem Pkw morgens gemütlich im Stau steht, ist man ja auch ganz dankbar für ein wenig Abwechslung ...

Plakate sind offensichtlich ein Medium, das gewisse Aufmerksamkeit garantiert. Was man dort jedoch an Werbung sieht, riecht meist nach Geld: Große Zigarettenfirmen werben, Autohersteller tun es, Getränkeproduzenten ebenfalls. Und dann Sie mit Ihrer kleinen Pizzeria oder dem Schreibservice?

Es geht nicht ohne: Kosten

Aufgrund der Übermacht der offensichtlich großen und damit auch finanziell gut ausgestatteten Unternehmen wird Plakatwerbung automatisch für ein teures Medium gehalten. Dabei ist das Gegenteil der Fall: Eine Plakattafel, Fachausdruck *Großfläche,* kostet pro Tag nur rund 15 DM. Mindestmietzeit ist eine *Dekade,* die zehn oder elf Tage lang sein kann.

Für gerade mal 150 DM können Sie also Ihr Unternehmen zehn Tage lang groß und unübersehbar präsentieren! Sie warten jetzt ungeduldig auf den Haken bei der Sache. Die Druckkosten für das Plakat z. B.?

Wer sagt denn, daß Sie ein Plakat drucken lassen sollen? Das rentiert sich wirklich erst ab ein paar hundert Stück. Eine wirkungsvolle Präsentation läßt sich auch mit einer selbstgestalteten Plakatwand erreichen. Schriftfolien und sogar Fotos lassen sich in der passenden Größe gut herstellen und sind durchaus schon für insgesamt rund 400 DM produzierbar.

Schneller auf den Punkt: Text

Eine Plakatwand ist so schön groß (Standard ca. 3,60 m breit und 2,60 m hoch) – das reizt, viel draufzuschreiben.

Genau das sollten Sie auf keinen Fall tun. Bedenken Sie folgendes: Plakatwände werden in den meisten Fällen vom vorbeifahrenden oder kurz stehenden Auto aus wahrgenommen. Dabei liest niemand lange Texte. Die wichtigste Voraussetzung für eine wirkungsvolle Plakataktion ist also eine schnell aufnehmbare Botschaft.

Im Prinzip funktioniert das genauso wie bei dem Betreff im Werbebrief: Der Leser muß sofort seinen Vorteil erkennen.

Wenn Sie einen guten Satz als Überschrift für Ihren Brief haben, können Sie diesen wunderbar für Ihre Plakatwand nutzen. Viel mehr sollte dort aber auch nicht stehen – außer natürlich Ihrem Firmennamen und eine Adresse.

Telefonnummern machen nur Sinn, wenn sie einfach zu merken sind. Schreiben Sie dann keine Vorwahl hin, es sei denn, Sie werben nicht in der Stadt, in der Ihr Unternehmen ansässig ist.

! Ergänzende Informationen

Was bei einer Anzeige die Überschrift ist, reicht bei einem Plakat oft schon als kompletter Text. Ausführliche Tips, wie Sie zu einer guten Überschrift kommen, finden Sie beim Thema Anzeigentexte. Mehr dazu auf S. 47.

Nichts ist unmöglich: Gestaltung

Auf die Gestaltung von Plakatwänden lassen sich grundsätzlich alle Regeln für eine gute Anzeigenwerbung übertragen. Tatsächlich ist das eine hervorragende Möglichkeit, Kosten zu sparen.

Sofern Sie nicht auf Fotomaterial Ihrer Lieferanten zurückgreifen wollen oder können, müssen Sie neue Aufnahmen machen lassen. Dann können Sie aber wenigstens die Bilder auch noch für die Anzeigenwerbung verwenden.

Auch wenn es ein Kostenfaktor ist: Nutzen Sie möglichst diese Chance für echte Individualität in der Darstellung Ihres Unternehmens und

Ihres Angebots! Fotografen können Ihnen Arbeitsmuster zeigen und mit Ihnen zusammen einen eigenen Stil finden, der Ihre Werbung unverwechselbar macht.

Ein Bild *muß* nicht sein, aber ungewöhnliche Fotos und ein wirkungsvoller Text können ein/e so gute/s Anzeige/Plakat ergeben, daß Sie mit zwei oder drei Motiven abwechselnd ein ganzes Jahr erfolgreich werben.

! Ergänzende Informationen

Wie Sie Ihre Motive sinnvoll auswählen und wozu Sie sich dabei nicht hinreißen lassen sollten, sagen Ihnen die Tips beim Thema Anzeigenmotive. Mehr dazu finden Sie auf S. 41.

Soviel Druck muß sein: Plakatproduktion

Gedruckte Plakate sind das „Übliche", was man an jeder Plakatwand sehen kann. Dieses Erscheinungsbild führt, wie bereits eingangs erwähnt, zu der Ansicht, Plakatwerbung sei für kleine Unternehmen zu teuer. Tatsächlich trifft das für die Variante des herkömmlichen Druckes auch zu. Da müßten schon einige hundert Exemplare anfallen, um die ganzen erforderlichen Vorkosten rentabel zu machen. Und auf solche Stückzahlen werden Sie am Anfang Ihrer unternehmerischen Aktivitäten kaum kommen.

Sollte es zu einem späteren Zeitpunkt für Sie interessant werden: Legen Sie diese Aufgabe komplett in die Hände eines fähigen Grafikers, der schon Plakatwerbung gemacht hat. Wie Sie bereits erfahren haben, folgt dieses Medium eigenen Regeln, was die Anforderungen der Gestaltung betrifft, so daß Erfahrung eine wichtige Voraussetzung für wirkungsvolle Ergebnisse ist.

(Fotos: Heidi Wirges)

Die Gestaltungselemente sind gut zu sehen. Hier wurde mit aufmerk-samkeitsstarken Kontrasten gespielt: Die Großfläche wurde von dem Außenwerbungsunternehmen mit schwarzer Makulatur eingeklebt, auf der sich die rote Schrift gut abhebt. Das Schwarzweiß-Foto paßt zu dieser Gestaltung besser, als es ein buntes getan hätte. Vor allem war aber der abgebildete Paravent ganz einfach nur schwarz und weiß. Der kleine weiße Aufkleber unten links stammt von den Plakat-anschlägern, die damit ihre Kontrollfahrt dokumentieren. Das zweite Foto zeigt, daß sich diese „selbstgemachte" Plakatwand gut in der Konkurrenz dieses Mehrfachstandortes behauptet.

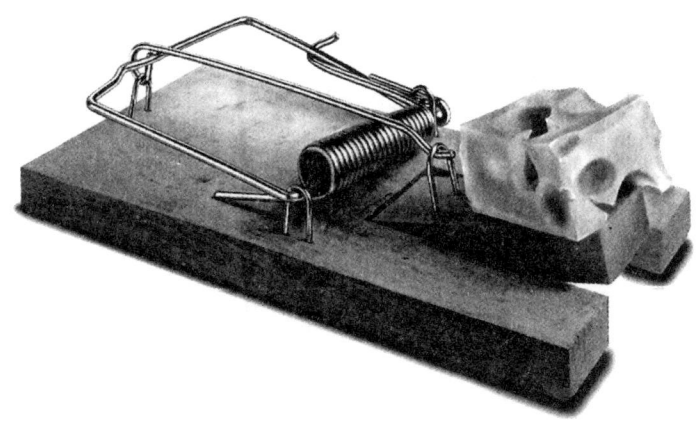

Werbung ist Käse!

SCHRIMPF UND PARTNER
WERBEAGENTUR GMBH
RÖMERGASSE 25 · 65199 WIESBADEN · TELEFON 0611/42 20 84 · FAX 0611/42 20 86

(© Schrimpf und Partner, Wiesbaden)

So sieht perfekte Gestaltung für Anzeige und Plakat aus: Das Motiv ist genauso für die Anzeigen übernommen worden. Ein zunächst absolut provokanter, negativer Spruch, der durch die Abbildung in eine genauso absolut positive Aussage verwandelt wird! Da waren natürlich Profis am Werk – für ihre Eigenwerbung.

Technik, die begeistert: Fotodruck

Das ist der noch relativ neue, elektronische Weg zum Plakat. Das Ergebnis ist qualitativ durchaus mit dem normalen Druckverfahren zu vergleichen. Diese Variante eignet sich vor allem für Plakate mit Bild- und Textteil. Ansprechpartner sind Foto-Großlabors; Dreh- und Angelpunkt dieses Verfahrens ist der Computer.

Vereinfacht beschrieben geschieht folgendes: Bilder werden elektronisch erfaßt, *eingescannt*. Das Ergebnis ist eine Diskette, mit deren Daten das Plakat auf fotografischem Weg ausgedruckt wird.

Der besondere Vorteil: Mit der Bildvorlage können – ebenfalls auf elektronischem Weg – Schriften beliebig kombiniert werden. Sofern Sie gestalterisches Wissen und Talent haben, können Sie selbst Schriften, Farben und Plazierung des Textes bestimmen. Besser aber geben Sie diese Aufgabe in die Hand eines Grafikers, der die notwendige Vorlage, das Layout, anfertigt.

Sie brauchen neben Ihrem Text also vor allem ein gutes Foto, am besten als Profidia im Großformat. Achtung: Ein Problem gibt es bei dieser Technik noch: Die Farbwiedergabe ist oft nicht optimal. Lassen Sie sich ein Muster machen!

Die Kosten für dieses Verfahren liegen nicht wesentlich über denen der kompletten Eigengestaltung.

Hier klebt der Chef: Eigengestaltung

Bestandteil dieser Gestaltung sind Schriftfolien für Ihren Text und – sofern Sie einen Bildteil wollen – ein Foto bzw. Dia. Für die Schriftfolie suchen Sie sich ein Unternehmen, das Werbebeschriftungen macht, beziehungsweise mehrere Unternehmen, damit Sie die Preise vergleichen können. Im Branchenbuch sind diese Firmen problemlos zu finden. Schriftfolien gibt es in verschiedenen Qualitäten. Einfaches Material reicht aus, um eine Dekade zu überstehen. Wollen Sie die Tafel längere Zeit belegen, ein paar Monate sogar, empfiehlt sich hochwertigere Folie, die Wind und Wetter trotzt.

Bei der Farbe haben Sie die freie Wahl. Entscheiden Sie sich für eine Farbe, die gut mit dem Untergrund (über den wir gleich noch sprechen) kontrastiert. Klassisch: Schwarz auf Weiß – das hebt sich von all der bunten Werbewelt sogar positiv ab. Sehr gut und mit noch mehr Signalwirkung: Schwarz auf Gelb oder Gelb auf Schwarz.

Schlecht lesbar sind alle hell/hell- und dunkel/dunkel-Kombinationen. Also etwa helles Rot auf Weiß oder Blau auf Schwarz. Kontrast heißt das Zauberwort!

Hier klebt der Chef persönlich – in zweifacher Hinsicht: Er wird abgebildet, und die Plakatwand wurde von dem Unternehmen selbst angebracht.

Beim Thema Anzeigen wurde ja zuvor werbewilligen Chefs dringend davon abgeraten, unbedingt ihr eigenes Konterfei veröffentlichen zu wollen. Ausnahmen bestätigen bekanntlich die Regel: Der hier abgebildete Firmenbesitzer ist zum einen fotogen (was nicht „schön" meint, sondern gut fotografierbar!), zum anderen konnte er sich vor der Kamera (einer Profifotografin) ganz locker bewegen. Diese Plakatwerbung hat zudem noch ein ungewöhnliches Thema – es ist eine Stellenanzeige. Die von dem Unternehmen dringend gesuchten Raumausstatter sind schwer zu finden: Sie sind rar und selten wechselwillig. Deshalb haben Anzeigen, vor allem in einer finanziell tragbaren Größe, keinen Erfolg gehabt. Die Plakat-Stellenanzeige war dagegen erfolgreich.

Dazu hat vor allem auch die Standortwahl beigetragen: Im gesamten Rhein-Main-Gebiet wurden neun Standorte in unmittelbarer Nähe von Großhändlern für Raumausstatter-Bedarf ausgewählt. Damit wurde genau die Zielgruppe angesprochen, um die es ging.

Neben den Bewerbungen hat das Ganze noch einen guten PR-Effekt gehabt: So etwas hatte man von der Konkurrenz noch nie gesehen!

Dem Unternehmen, das die Folien schneidet, sollten Sie eine Vorlage mit den Maßen der Tafel, eventueller Fotos und der Anordnung des Textes geben. Wenn Sie mathematisch begabt sind, können Sie mittels des guten alten Dreisatzes auch die Schriftgrößen ausrechnen. Das übernimmt aber auch die Firma für Sie.

Ein Bild macht sich gut auf einer Plakattafel – wenn es so originell ist, daß es Aufmerksamkeit erregt. Aus einem guten (!) Foto lassen sich Poster machen, die Sie wie eine Tapete auf die Plakatwand kleben können. Das günstigste Verfahren ist das gleiche, wie bei dem Punkt „Fotodruck" beschrieben.

Bei schwarzweißen Fotoplakaten sind Sie schon mit 150 DM bis 250 DM dabei. Wichtig ist der Hinweis für das Labor, *Plakatpapier* zu verwenden. Dieses Papier hat eine bestimmte Dehnfähigkeit, die ein Reißen beim Verkleben verhindert, und eine Stärke, die es bei Regen nicht durchsichtig werden läßt.

Damit es Schmusewolle zeigt: 3D-Werbung

Das ist nun ein sehr hochtrabender Titel für eine ganz simple Idee: Kleben Sie etwas im Original auf Ihre Tafel, und die Aufmerksamkeit ist Ihnen gewiß!

Beispiel: Sie haben ein Unternehmen für Raumausstattung. Nehmen Sie schöne Tapetenreste oder Teppichmuster, und bringen Sie sie auf Ihrer Plakatwand an. Das ist so ungewöhnlich, daß man sich mit Sicherheit dafür interessiert, wer auf so eine Idee kommt.

Ein paar Dinge sollten Sie dabei beachten. Die Muster müssen sich wieder entfernen lassen, ohne Schäden an der Tafel zu verursachen, sonst gibt's Ärger mit der Außenwerbungsfirma.

Nehmen Sie nur wenige Stücke, sonst erschlägt der Gag Ihre Aussage. Bringen Sie die Muster nicht zu weit unten an. Zum einen vermeiden Sie bei schlechtem Wetter Schmutzspritzer, zum anderen hindern Sie zerstörerische Menschen daran, Ihre Verzierung abzureißen. Das ist leider ein Risiko bei Großflächen: Vermeintliche Spaßvögel finden es immer wieder sehr originell, Plakatwände mit Farbe zu besprühen, sie zu bekritzeln oder Teile des Papiers abzureißen.

Lassen Sie sich deshalb, je nach Anzahl der Tafeln, die Sie belegen, immer noch ein oder zwei Ersatzexemplare Ihrer Gestaltungsbestandteile anfertigen.

Mehr zum Kleben: Untergrund

Wenn Sie Ihre Großfläche buchen und erklären, daß Sie sie selbst gestalten werden, wird man Sie fragen, wie die Tafel *eingeklebt* werden soll. Üblich ist weiß.

Bei großen Plakatunternehmen können Sie aber mit etwas Glück auch farbiges Papier, genannt *Makulatur,* bekommen: Von den Werbekampagnen großer Firmen sind meist noch Restbestände der farbigen Makulatur übrig, von denen Sie profitieren.

Die beste Signalwirkung haben die Farben rot und gelb. Wofür Sie sich letztendlich entscheiden, hängt natürlich von der restlichen Gestaltung ab.

Just do it: Anbringung

Eine Klebefolie anzubringen ist einfach. Soll sie aber auch noch gerade geklebt werden, wird das schon schwieriger. Etwas handwerkliche Begabung empfiehlt sich also. Hilfreich ist es, von einer Seite der Tafel zur anderen mit einer Wasserwaage eine Schnur gerade zu spannen, die den oberen oder unteren Rand der Zeile markiert, die Sie kleben wollen. Trauen Sie sich diese künstlerische Aufgabe nicht zu, fragen Sie bei der Beschriftungsfirma nach Unterstützung.

Bei dieser Eigengestaltung einer Großfläche gibt es noch eine sehr gute Möglichkeit, Geld zu sparen: Kleben Sie Folie und Foto auf passend zum gewählten Untergrund gestrichene dünne Sperrholzplatten. Das geht allerdings nur bei weißem oder schwarzem Untergrund wirklich gut, ohne daß man diese Platten nachher zu sehr sieht. Natürlich lassen sich die Platten aber auch ganz bewußt einsetzen. Also z. B. ein weißer Untergrund, dann der schwarze Text auf passend zugeschnittenen gelben Platten.

Wählen Sie das Material so, daß Sie es antackern können. Die Tackernadeln lassen sich nachher ohne große Spuren entfernen, bei Schrauben ist das kaum der Fall. Müssen Sie aus irgendwelchen Gründen die Tafeln unbedingt anschrauben, fragen Sie vorher beim Anschlagunternehmen um Erlaubnis. Werden die Tafeln dann wieder vorsichtig entfernt, können Sie sie problemlos weiterverwenden.

Das beste ist eine gute Versicherung: Kontrolle

Fahren Sie Ihre Plakattafeln mindestens einmal wöchentlich ab, damit Sie rechtzeitig merken, wenn sie beschädigt sind. Auch wenn es nicht Ihre Schuld ist: Die verschandelte Großfläche ist eine sehr negative Werbung für Sie!

Der Platz an der Sonne: Standorte

Bei geschickter Wahl können Sie mit einer Handvoll Plakattafeln die wichtigsten Punkte einer Stadt abdecken. Wenn Sie den Verbraucher allgemein als Zielgruppe ansprechen möchten, brauchen Sie hauptsächlich Masse, diese erreichen Sie mit Großflächen an den Einfallstraßen der Stadt.

Schauen Sie sich morgens oder abends im Berufsverkehr um: Auf welchen Straßen wälzt sich die Blechlawine in die Stadt hinein und wieder hinaus? Meist gibt es dort auch Plakattafeln. Ganz besonders schön sind Großflächen dort, wo es sich in täglicher Regelmäßigkeit staut. Da gibt es dann für die Autofahrer genügend Zeit, in aller Ruhe Ihre Werbung zu betrachten – jeden Tag!

An diesen Tafeln sind im allgemeinen Aufkleber der Anschlagunternehmen angebracht, die Sie netterweise auch gleich noch über Anschrift und/oder Telefonnummern informieren. Sollten Sie am Rahmen der Tafel noch eine Nummer entdecken, schreiben Sie sich diese auch auf, denn das ist die einfachste Art, die Tafel, die Sie buchen wollen, zu identifizieren.

Fehlt diese Nummer, vermerken Sie die Straße, in der die Tafel steht, die Hausnummer, sofern ein Gebäude in der Nähe ist, und die nächste kreuzende Straße.

Weiteres Identifikationsmerkmal sind auffällige Bauwerke oder Firmen (Brücke, Wasserwerk, Autohaus etc.). Diese genaue Beschreibung des Standortes ist sehr wichtig für die Buchung, da die Unternehmen oft mehrere Tafeln nahe beieinander haben.

Sprechen Sie bestimmte Zielgruppen an, schauen Sie sich doch mal an deren Treffpunkten um, ob es dort nicht Plakattafeln gibt: Vielleicht finden Sie ja zu einem Ärztekongreß eine Tafel in der Nähe des Veranstaltungsortes, wenn Sie ein Produkt oder eine Dienstleistung für diesen Personenkreis anbieten.

Ihre potentiellen Kunden als Fliesenleger können Sie z. B. mit Tafeln in der Nähe von Einrichtungshäusern sehr gut erreichen.

Hoffentlich rasant gesichert: Buchung

Sie wissen, wie Ihre Tafel aussehen soll, und Sie haben sich auch schon die besten Standorte ausgesucht. Fehlt also nur noch die Buchung. Das könnte jetzt der einzige Haken sein.

Gute Standorte sind leider nicht nur von Ihnen heißbegehrt. Die großen Unternehmen, die meist auf den Tafeln auffallen, belegen sogenannte *Netze.* Das heißt, sie haben in einer Stadt Dutzende von Standorten festgelegt, die sie immer wieder haben wollen. Die Anschlagunternehmen gehen natürlich auf die Wünsche ihrer Großkunden ein und sperren diese Großflächen, bis deren Buchungen vorliegen. Das ist immer zum Jahresende für das kommende Jahr.

Viele Großflächenstandorte sind jedoch *Mehrfachstandorte* mit zwei, drei oder mehr Tafeln. Hier sind die Chancen, eine Großfläche zu bekommen, entsprechend größer. Grundsätzlich gilt: einfach fragen! Rechnen Sie aber nicht damit, kurzfristig eine Tafel belegen zu können. Es ist durchaus möglich, daß Sie einige Wochen Geduld haben müssen. Also langfristig vorplanen!

Die Rivalen: alternative Plakatierungsmöglichkeiten

Neben der besprochenen Großflächenplakatierung gibt es auch noch den *Allgemeinen Plakatanschlag* und die *Ganzsäulen.* Träger für beide sind die runden *Litfaßsäulen.* Auf den meisten sieht man viele verschiedene Plakate. Es gibt aber auch einige Standorte, die in der Art der Großflächen nur von einem einzigen Kunden genutzt werden – die Ganzsäulen.

Ganzsäulen sind zum einen teurer als die Großflächen und erfordern auch bei der Plakatgestaltung wesentlich mehr Geschick. Aufgrund der runden Form ist nie die gesamte Plakatfläche einsehbar. Je nachdem, aus welcher Richtung man heranfährt oder geht, sieht man maximal die Hälfte des Plakates.

Die Variante des Allgemeinen Plakatanschlags ist ebenfalls lange nicht so kostengünstig wie die Großflächen, es sei denn, Sie werben in kleinen Ortschaften. Buchen können Sie nämlich meist nur ein kom-

Hier wird die Größe des Mediums Plakatwand gut genutzt: Überlebensgroße Abbildungen fallen immer auf. Bei einem so bekannten Unternehmen ist kein Text mehr nötig, das Plakat gehört dem Bild, und das abgebildete Profimodel kann alles an Aussage rüberbringen, was nötig ist.

So wird die gute alte Litfaßsäule zum Kunstobjekt: Werbung für das Parfum „Salvador Dali". Benetton nutzt das runde Ding, um seinen Figuren einen Anschein von Bewegung zu verschaffen.

Licht verleiht dem Plakat nicht nur Auffälligkeit, sondern auch Drei-dimensionalität. Die Citylightposter – beleuchtete Glaskästen für Plakate an Wartehallen – sind eine jüngere Variante des Plakat-anschlags. Das Plakat ist geschützt vor Wind und Wetter und auch nachts gut zu sehen. Das Ganze hat aber auch seinen Preis: Pro Tag kostet das 4/1-Plakat zwischen 16 DM und 24 DM.

plettes Netz von Anschlagstellen, die über die ganze Stadt verteilt sind. Manchmal sind Halb- oder sogar Viertelbelegungen möglich.

Zudem können Sie hier Ihre Plakate nicht selbst gestalten. Sie müssen also entweder die Plakate drucken lassen oder zusehen, sie günstig z. B. von den Herstellern Ihrer Produkte oder Verbänden, die vielleicht eine allgemeine Werbung für Ihre Branche machen, zu bekommen. Dabei bleibt aber die Individualität auf der Strecke.

Auch ist der Allgemeine Anschlag lange nicht so wirkungsvoll wie die Großfläche. Ihr Plakat befindet sich in einem Umfeld, mit dem Sie konkurrieren müssen.

Die Litfaßsäule war früher die Zeitung des kleinen Mannes: Hier fanden sich amtliche Bekanntmachungen (heute übrigens auch noch, z. B. vor Wahlen) und Ankündigungen kultureller Ereignisse. Die Konsumgüterwerbung hat dieses Medium dann schnell erobert. Immer noch haben Litfaßsäulen sich etwas von ihrem Informationscharakter bewahrt. Und da man sie überall findet, werden sie diesem Anspruch auch meist gerecht.

Zusammenfassung: Plakatwerbung

Fachbegriffe

Allgemeiner Anschlag: Plakatierung zusammen mit anderen Werbern, meist an ⇒ Litfaßsäulen. Maximales Format für die Plakate i.A. 6/1 = 6 x DIN-A1. Buchung ist nur für das komplette Säulennetz einer Stadt möglich, eventuell auch Teilbelegungen.

Bogentagpreis: Grundpreis für den ⇒ Allgemeinen Plakatanschlag. Berechnet wird der Preis für ein DIN-A1-Plakat pro Tag. Größere Formate kosten das entsprechend Mehrfache.

Citylightposter: Beleuchtete Werbeflächen im 4/1-Format (4 × DIN-A1 = 120 × 170 cm) an verglasten Wartehallen und Stadt-Informationsanlagen.

Dekade: Mindestzeitraum von zehn oder elf Tagen für die Belegung von Plakatflächen.

Ganzsäule: Litfaßsäule, die nur von einem Werber genutzt wird.

Großfläche: Plakatwand, Format ca. 3,60 × 2,60 m, gängige Abkürzung GF.

Layout: Entwurf für die Gestaltung einer Anzeige, eines Plakates etc.

Litfaßsäule: Betonsäule, die für den Plakatanschlag genutzt wird, Höhe ca. 3,10 m, Umfang ca. 3,60 m. Benannt nach dem Drucker E. Litfaß, der sie 1855 in Berlin erstmals zu Werbezwecken aufstellte.

Makulatur: Papier, das als Untergrund für Plakate verwendet wird.

Mehrfachstandort: Großflächenstandort, an dem zwei oder mehr Tafeln eines Anbieters stehen.

Netz: Feste Zusammenstellung von Plakatstandorten, die durchgehend von einem Anbieter genutzt werden. Meist von Großunternehmen für mehrere Jahre gebucht.

Scanning: Elektronische Erfassung von Texten oder Bildern.

4 Bewegende Werbung: Verkehrsmittel

Sicher sind Ihnen in Ihrer Stadt auch schon teilweise sehr originell bemalte Busse oder Straßenbahnen des öffentlichen Nahverkehrs aufgefallen. Die Tatsache, daß diese Werbung in den allermeisten Fällen von regionalen Unternehmen kommt, macht neugierig: Wäre das auch etwas für Sie?

Werbung an Bussen und Straßenbahnen wird jeden Tag von morgens bis abends von sehr vielen Menschen gesehen. Dabei sind die Fahrgäste selbst gar nicht so interessant, sondern die anderen Verkehrsteilnehmer: Autos, Radfahrer, Fußgänger.

Dieses breite Publikum bedeutet gleichzeitig aber das „Aus" für diese Werbeart, wenn Sie nur ganz enge Zielgruppen ansprechen. Sie haben keine Möglichkeit, eine Gruppe gezielt zu erreichen. Ausnahme: Wenn Sie Produkte oder Dienstleistungen speziell für Benutzer öffentlicher Verkehrsmittel anbieten. (Einen Ratgeber, wie man immer einen Sitzplatz ergattert, z. B. ...)

Die neue Erfahrung: Werbemöglichkeiten

Die verschiedenen Varianten der Werbung an Bus oder Straßenbahn sind von Stadt zu Stadt etwas unterschiedlich. Verbreitet sind die folgenden: Am auffälligsten ist die *Ganzbemalung.* Dabei steht das ganze Fahrzeug für Ihre Werbung zur Verfügung, bis auf die Flächen, die das Fahrzeug kennzeichnen – also Fahrtziel und Busnummer.

Angenehmerweise scheint diese Art der Gestaltung die Phantasie der Werber anzuregen. Manche Fahrzeuge sind richtige Kunstwerke geworden.

Wie immer hat diese Kunst ihren Preis: Erst ab 8000 DM aufwärts sind solche Ganzbemalungen zu realisieren. Dazu kommen noch die monatlichen Mietkosten, die je nach Fahrzeuggröße zwischen 800 DM und 1600 DM liegen. Das Ganze geht außerdem nur mit Mindestmietzeiten von allgemein einem bis zu fünf Jahren. Und schließlich muß das Fahrzeug nach Ende der Mietzeit wieder in seinen ursprünglichen Zustand zurückversetzt werden – das dürfen Sie dann auch noch bezahlen.

So kriegt die Kakaodose Räder, und Fliesen werden lebendig – komplett bemalte Busse oder Bahnen sind witzige, unübersehbare Werbeträger. Leider machen die hohen Produktionskosten und die lange Pflichtmietzeit den Einsatz dieses Mediums für kleinere Unternehmen oft uninteressant.

Der Unterschied zur Ganzbemalung ist unübersehbar: Rumpfflächenwerbung ist wesentlich preiswerter – aber auch wesentlich unauffälliger. Allerdings: Es kommt drauf an, was man draus macht! Hier muß ein Gestaltungsfachmann aktiv werden, dann kann auch die Rumpfflächenwerbung gut wirken.

Weitaus günstiger sowohl in der Produktion als auch in der Miete ist die teilweise Belegung von Bus oder Straßenbahn. Bei der *Rumpfflächenwerbung* können Sie einen Streifen unterhalb der Fenster rund um das Fahrzeug nutzen, bei der *Heckflächenwerbung* ist es, wie der Name schon ahnen läßt, die Fläche am Fahrzeugheck.

Für die Herstellung der Folien für diese Art der Werbung sollten Sie sich unbedingt an Fachbetriebe wenden, die sich mit den Maßen und Qualitätsanforderungen auskennen. Die Anbieter der Verkehrsmittel können Ihnen solche Unternehmen nennen.

Eine weitere Alternative sind *Seitenscheibenplakate.* Sie werden in den Bus- oder Straßenbahnfenstern angebracht und sinnvollerweise zweiseitig bedruckt, so daß sie von innen und außen lesbar sind.

Kein guter Stern auf allen Wegen: Einsatzbereiche

Bus- oder Straßenbahnwerbung hat eine hohe Aufmerksamkeit und wird von vielen Menschen gesehen. Doch sie bietet nur sehr wenig Möglichkeit, Informationen rüberzubringen.

Die Natur des Fahrzeugs mit seinen Fenstern, Türen usw. verhindert eine einheitliche Werbefläche. Die einzelnen Worte müssen sehr groß sein, um auch im schnellen Vorbeifahren noch gelesen zu werden. Und die Verpflichtung zur langfristigen Anmietung macht zusätzlich eines klar: Verkehrsmittelwerbung ist nicht sinnvoll zum Verbreiten konkreter Informationen, sie kann aber, wenn sie professionell gestaltet ist, in einem regionalen Bereich gute Arbeit für die Bekanntheit Ihres Unternehmens leisten.

Diese Imageförderung können Sie in diesem Medium aber nur mit einer originellen Gestaltung und Ihrem Firmennamen, vielleicht noch ein paar Stichworten, erreichen – mehr geht nicht. Zumal das Fahrzeug ja nicht komplett wahrgenommen wird, sondern jede Seite einzeln. Sinnvollerweise müßte also auf beiden Seiten die gleiche Information stehen.

! Ergänzende Informationen

Wie wichtig es ist, daß Ihre Werbung nicht einfach von möglichst vielen, sondern von den richtigen Leuten gesehen wird, zeigen Ihnen die Informationen über „Zielgruppen" und „Streuverluste" beim Thema Anzeigen. Mehr dazu finden Sie auf Seite 24.

Er läuft und läuft: Belegung

Von den zuständigen Stadtwerken erfahren Sie, wer die öffentlichen Verkehrsmittel vermietet. Das ist oft ein Unternehmen, das auch andere Außenwerbeträger in der Stadt vermarktet.

Eines kann man Ihnen aber nicht zusagen: eine bestimmte Fahrtroute. Und darin liegt ja womöglich der größte Reiz für Sie – Busse oder Straßenbahnen, die durch belebte Einkaufsstraßen fahren oder genau durch das Viertel, in dem Ihr Unternehmen sitzt.

Es sind jedoch nicht immer die gleichen Busse, die auf einer Strecke fahren. Die Einsatzplanung machen die Stadtwerke, die absolut keine Rücksicht auf die Interessen der Werbekunden nehmen können.

Auch kann Ihr Bus defekt sein, in der technischen Überprüfung oder ganz einfach gewaschen werden – das alles berührt Ihren Vertrag nicht. Nur wenn der Bus in einen Unfall verwickelt ist, also längere Zeit nicht im Einsatz, haben Sie Anspruch auf Ersatz.

Etwas beeinflussen können Sie den Weg aber doch: Es gibt sogenannte Gelenkfahrzeuge, die praktisch zwei miteinander verbundene Wagen haben, und die normalen kleinen Fahrzeuge.

Üblicherweise werden diese Gelenkwagen auf längeren und/oder stark frequentierten Straßen eingesetzt, die für Sie ja oft am interessantesten sind. Der Wunsch nach dem bestimmten Stadtteil läßt sich damit aber leider nicht erfüllen – der Bus wird immer auch mehrere Teile der Stadt befahren, und damit müssen Sie wieder den Streuverlust berücksichtigen, den Sie von der Anzeigenwerbung kennen.

Richten Sie sich auch bei dieser Werbeart auf längere Wartezeiten ein – die Fahrzeuge sind begehrt.

Der Fachmann macht's möglich: Beschriftung

Die Gestaltung eines Busses ist etwas, was Sie auf keinen Fall selbst machen können. Die Außenwerbungsunternehmen, die die Fahrzeuge vermieten, nennen Ihnen verschiedene Firmen, meist Fahrzeugbeschrifter. Preisvergleiche sind sehr wichtig, die Unterschiede können riesig sein!

Zusammenfassung: Verkehrsmittelwerbung

Fachbegriffe

Ganzbemalung: Komplette werbliche Gestaltung eines Fahrzeuges.

Heckflächenwerbung: Werbefläche am Heck von Bussen.

Rumpfflächenwerbung: Werbefläche unterhalb der Fenster rund um Bus oder Straßenbahn.

Verkehrsmittelwerbung: Werbung an öffentlichen Fahrzeugen (Busse, U- und S-Bahnen, Straßenbahnen und Taxen).

5 Nicht nur für die Großen: Öffentlichkeitsarbeit

Für Liebhaber von Fachausdrücken sei auch der entsprechende Begriff genannt: Public Relations.

Jetzt fragen Sie sich als aufstrebender Jungunternehmer mit Ihrer Gesamtpersonalstärke von ein bis zwei Personen vielleicht, ob wir bei unserem Ausflug in die Welt des Marketing nicht etwas vom Weg abgekommen sind: „Öffentlichkeitsarbeit" für Sie???

Sicher – Ihr Bedarf an Know-how über die Organisation von Pressekonferenzen im Nobelhotel wird in den nächsten Jahren noch nicht so groß sein. Aber PR meint ja viel mehr als das. Und PR ist vor allem deshalb interessant, weil sie die kostengünstigste (oft sogar kostenlose) Möglichkeit ist, mit Ihrem Unternehmen ins Gespräch zu kommen.

Schauen wir uns erst einmal das Spektrum der PR an. Dazu gehören:

– Presseinformationen und Presseveranstaltungen über Produkte, Ereignisse, Personen und Aktionen des Unternehmens.
– Publikumsveranstaltungen („Tag der offenen Tür", Vorträge, Konzerte, Messen, Wettbewerbe).
– Repräsentation des Unternehmens bei Veranstaltungen, öffentlichen Gremien (Expertenrunden), Institutionen (Vereine etc.).
– Unterstützung gemeinnütziger Projekte.

Scheint Ihnen diese Palette nun doch schon etwas näher am realistischen Alltag? Betrachten wir sie uns der Reihe nach ...

So sanft muß Stärke sein: Presseinformationen

Zur Gründung eines Unternehmens, egal, wie klein es auch sein mag, macht eine Presseinformation auf jeden Fall Sinn. Auch wenn Sie nur ein paar Zeilen in der Zeitung bekommen – es wird Menschen geben, die sie lesen. Zusammen mit Ihren eigenen Aktivitäten zur Eröffnung (Anzeige, Werbebrief, Plakate) ist das eine schöne Unterstützung.

Presseinformation vom 19. 2. 1999

Frische Ideen gegen Alltagstrott in Wohnung und Büro

Gerade recht zu Ostern bekommt Mainz eine **neue Erlebniswelt für alle Einrichtungswünsche rund um Wohnung und Büro.** Nach den erfolgreichen Jahren im Mainzer Stadtteil Gonsenheim bringt **raum** jetzt seine außergewöhnlichen Ideen auch in die Mainzer Innenstadt.

Ab dem 3. März zeigt das Unternehmen hochwertige Möbel, Textilien, Lichttechnik und Accessoires auf **zwei Etagen am Alicenplatz 6.**

Besonders ungewöhnlich ist die **aufwendige Präsentation von Büroeinrichtungen.**

Mit den neuen Ausstellungsflächen konnte raum in Mainz eine einmalige Idee verwirklichen: Möglichkeiten der Bürogestaltung ausführlich zu zeigen und damit den Kunden die schwierige Auswahl nur aus Katalog-Ansichten zu ersparen.

Damit wird auch das Konzept von raum verdeutlicht. Inhaberin Doris Schoch formuliert es so: „Wir wollen Partner für unsere Kunden sein – deshalb bieten wir ihnen eine Gesamtkonzeption an. Form, Funktionalität, Qualität und Farben werden individuell umgesetzt und durch die Anforderungen der Arbeitsergonomie ergänzt. So entsteht ein optimales Arbeitsumfeld, in dem effiziente Arbeiten einfach Spaß macht!" Dieses Leistungsspektrum steht den Kunden auch für den Wohnbereich zur Verfügung.

Hinter raum verbirgt sich ein erfahrenes Team aus Innenarchitekten, Raumausstattern und Beratern, die von den neuen Möglichkeiten am Alicenplatz begeistert sind.

Am kommenden Samstag können sich alle Interessierten von dem raum-Angebot überzeugen: von 10 bis 18 Uhr wird die Eröffnung gefeiert!

Hinweis für die Redaktion:
51 Zeilen mit ca. 40 Anschlägen
Ansprechpartner für Rückfragen ist
Doris Schoch, Telefon 0 61 31 / 22 44 20,
erreichbar von 9–18 Uhr

Positive Formulierungen in der Überschrift und klare Aussage, worum es geht.

Wichtiges wird durch Fettdruck hervorgehoben.

Die Formulierungen sind in diesem Fall eigentlich schon zu sehr „Werbung" für eine Presseinformation. Das hat funktioniert, weil das Unternehmen und der Inhaber bereits einen Namen in der Stadt hatten.

Dieses Zitat ist natürlich nicht wirklich so gesprochen worden. Wörtliche Rede lockert aber den Text gut auf. Allerdings Vorsicht bei der Formulierung – es muß wenigstens so klingen, als *hätte* es jemand sagen können …

Die Adresse sollte am besten im Text untergebracht werden: Am Schluß wirkt sie zu sehr wie Werbung.

Das Wichtigste: wann und wohin sollen die Besucher kommen? Genaue Uhrzeiten nicht vergessen!

Mit diesen Angaben kann der Redakteur die Länge beurteilen und er weiß, bei wem und wann er nachfragen kann.

OBJEKT- UND WOHNEINRICHTUNG ● KONZEPT UND EINFÜHRUNG

raum OBJEKT- UND WOHNEINRICHTUNG · INHABERIN: DORIS SCHOCH
ALICENPLATZ 6 · 55116 MAINZ · TELEFON 0 61 31 - 22 44 20 · TELEFAX 0 61 31 - 22 66 20

So wird aus der Presseinformation ein Pressebericht. – In diesem Fall haben zwei Zeitungen sogar ihre eigenen Fotografen zur Veranstaltung geschickt und, wie aus den folgenden Zeitungsberichten ersichtlich, viele Formulierungen aus dem Text des Unternehmens in den Zeitungsbericht übernommen.

Schaufenster
Informationen aus Handel, Handwerk und Gewerbe

Individuelle Büros für jeden Geschmack

MAINZ. RED. Gerade recht zu Ostern bekommt Mainz eine neue Erlebniswelt für alle Einrichtungswünsche: Die Firma „raum" bietet am Alicenplatz 6 hochwertige Möbel, Textilien, Lichttechnik und Accessoires an. Mit den neuen Ausstellungsflächen konnte „raum" in Mainz eine besondere Idee verwirklichen: Möglichkeiten der Bürogestaltung ausführlich zu zeigen und damit den Kunden die schwierige Auswahl nur aus Katalogansichten zu ersparen. Inhaberin Doris Schoch formuliert das Konzept so: „Wir wollen Partner für unsere Kunden sein – deshalb bieten wir ihnen eine Gesamtkonzeption an. Form, Funktionalität, Qualität und Farben werden individuell umgesetzt und durch die Anforderungen der Arbeitsergonomie ergänzt." Foto: Wolfgang Reuter

Geschäftswelt

Frische Ideen für das Büro
Einrichtungen von „raum" jetzt auch in der Innenstadt

red. – Die Osterwoche bescherte Mainz eine neue Erlebniswelt für alle Einrichtungswünsche rund um Wohnung und Büro. Nach den erfolgreichen Jahren in Gonsenheim bringt „raum" jetzt seine Ideen auch in die Innenstadt. Das Unternehmen zeigt jetzt hochwertige Möbel, Textilien, Lichttechnik und Accessoires auf zwei Etagen am Alicenplatz 6.

Besonders ungewöhnlich ist die aufwendige Präsentation von Büroeinrichtungen. Mit den neuen Ausstellungsflächen konnte ein anspruchsvoller Wunsch verwirklicht werden: Mit einer umfassenden Ausstellung will das erfahrene Team von Innenarchitekten, Raumausstattern und Beratern die Katalog-Auswahl

Das ist einer der Gründe, warum man nicht zu werblich formulieren sollte. Je mehr Text der Redakteur guten Gewissens übernehmen kann, um so mehr sind die Aussagen im Sinne des Unternehmens.

Die Chancen, daß Ihre Lokalzeitung(en) Ihren Text druckt, sind sogar ganz gut: Diese Information hat Nachrichtenwert.

Später werden Ihre Möglichkeiten, durch Presseveröffentlichungen unterstützt zu werden, entscheidend von Ihrem Angebot abhängen. Bewegen Sie sich in einer Branche, die bekannt und verbreitet ist (Sonnenstudio, Schreibdienst, Sportshop, Computerladen, Versicherungsagentur), funktioniert das nur bei besonderen Anlässen wie Veranstaltungen.

Begeben Sie sich allerdings auf Neuland, ist das Interesse automatisch größer. Eröffnen Sie vielleicht den ersten privaten Kindergarten in Ihrer Stadt? Einen Selbsthilfeverein für Arbeitssuchende? Oder eine Möbeltauschbörse? Das sind Ideen, die viele ansprechen – und das wissen natürlich auch die Zeitungen. Ansonsten hilft nur, Ihre Idee interessant zu *machen*.

Wenn einem so viel Gutes widerfährt: Veranstaltungen

Der „Tag der offenen Tür" ist die klassische Variante einer öffentlichkeitswirksamen Publikumsveranstaltung. Deshalb machen es auch viele. Und eine Zeitung für die zwanzigste Veranstaltung dieser Art innerhalb einer Woche zu interessieren, ist ziemlich schwierig.

Wie bei allem, was mit Werbung zu tun hat, hilft es auch hier, ein wenig um die Ecke zu denken. Ein Computerladen, der am Tag der offenen Tür den Kunden sein Computerangebot vorführt, den obligatorischen Sekt und die ebenso üblichen belegten Brötchen serviert – das ist das Normale.

Wie wäre es aber mit einem kleinen Konzert mit „Computermusik" oder mit einem Fachmann als Gast, der über die Computeranwendung in bestimmten Branchen spricht („Computerprogramme für die Arztpraxis", „Computer für die Haushaltsführung")?

Neben der Lokalpresse können Sie so auch Fachzeitschriften ansprechen und Ihre Zielgruppe direkt anschreiben (z. B. alle Ärzte in Ihrer Stadt).

Können Sie als Raumausstatter einen Designer bitten, einen Teppich mit einem Motiv speziell aus Ihrer Stadt zu entwerfen? Oder einen entsprechenden Wettbewerb zu veranstalten?

Das Prinzip ist klar: Sie kommen mit Ihrem Unternehmen nur dann in die Presse, wenn Sie irgendeinen Nachrichtenwert bieten. Schließlich bekommen die Zeitungen jeden Tag unzählige Presseinformationen, und gegen diese Konkurrenz müssen Sie sich durchsetzen.

Immer in der ersten Reihe: repräsentative Aufgaben

Sicherlich ist es Ihnen als Jungunternehmer bereits klar, daß Sie den Achtstundentag für die nächste Zukunft vergessen können.

Sie sollten aber auch wissen, daß Sie die Privatperson und den Unternehmer nicht mehr trennen können. Wo immer Sie sind, sind Sie künftig auch als Repräsentant Ihres Unternehmens.

Das ist ziemlich anstrengend (nichts mehr mit dem rituellen Fußballer-Besäufnis nach dem Heimspiel – Ihr Banker könnte Sie lallend unter dem Tisch liegen sehen …), aber es bietet auch eine Menge Chancen. Wenn Sie im örtlichen Sportverein sind, haben Sie dort vermutlich Kontakte zu allen Bevölkerungsschichten, darunter sicher auch Menschen, die als potentielle Kunden oder ➡ *Meinungsbildner* in Frage kommen.

Vielleicht ist ja der Lokalredakteur ein Vereinskamerad von Ihnen. Oder der Immobilienmakler, der Sie als jungen Steuerberater empfehlen kann. Durchforsten Sie Ihre privaten Aktivitäten auf solche Möglichkeiten, und setzen Sie sie gezielt ein. Es mag sich durchaus lohnen, Vorsitzender des Fastnachtsvereines zu werden, weil Sie dadurch auch außerhalb der Kampagne mit allen möglichen wichtigen Leuten zusammenkommen.

Besonders interessant sind Mitgliedschaften in Berufsorganisationen. Ob das die Mitgliedschaft bei den Wirtschaftsjunioren ist (Jungunternehmer in der Industrie- und Handelskammer) oder bei einem Fachverband Ihrer Branche, Sie bauen sich Kontakte auf, die nützlicher sein können als jede Anzeige.

Profilieren Sie sich in solchen Positionen als Fachmann, können Sie dieses Wissen z. B. Ihrer Lokalzeitung anbieten ("Unsere Telefonaktion: Steuerberater Müller gibt Auskunft über Fragen zur Lohnsteuer"), oder Sie werden als Experte zu Podiumsdiskussionen und ähnlichen Veranstaltungen eingeladen.

Entscheidung für's Geben: gemeinnützige Projekte

Wenn Sie den Lokalteil Ihrer Tageszeitung durchforsten, werden Sie immer eine Ansammlung von Fotos finden, auf denen unsicher grinsende Menschen einen Scheck in die Kamera halten. Das ist die sicherste Art, mit einem Bild in die Zeitung zu kommen: Spenden Sie für irgendein gemeinnütziges Projekt, oder organisieren Sie eine Veranstaltung, deren Erlös solchen Projekten zugute kommen.

Sollten Sie es jedoch nur aus diesem Grund tun, ist – abgesehen von dem Zynismus solchen Denkens – Vorsicht geboten: Es rechnet sich oft nicht. Mit 50 DM Spende kommen Sie nicht in die Zeitung (es sei denn, Sie sind drei Jahre alt und haben ein Jahr dafür gespart), und für 5 000 DM können Sie sich auch eine gut plazierte Anzeige kaufen.

Du denkst an alles: Gestaltung

Je besser Sie eine Presseinformation auf die Bedürfnisse der Redakteure zuschneiden, um so größer ist die Chance für einen Abdruck.

Das wichtigste: Presseinformationen sind keine Werbung! Vermeiden Sie also alle werbenden Formulierungen („... einzigartiges Produkt") und *berichten* Sie über Ihr Unternehmen.

Auch bei der äußeren Form gibt es einige Regeln:

Schreiben Sie in Spaltenbreite!

Zählen Sie mal ein paar Zeilen in Ihrer Zeitung durch. In der Regel werden Sie auf 35 bis 40 Anschläge pro Zeile und Spalte kommen.

Mit dieser Anschlagzahl schreiben Sie auch Ihre Pressemitteilung. Sie ermöglichen damit dem Redakteur, sofort abzuschätzen, ob die Nachricht in der Länge noch in die kommende Ausgabe paßt. Und er hat noch genug Platz auf dem Blatt, um Korrekturen oder Kommentare zu vermerken.

Fassen Sie sich so kurz wie möglich!

Je kürzer, um so größer ist die Abdruckchance. Nur die echte Nachricht und die wichtigsten Informationen gehören in eine Pressemitteilung. Will die Zeitung mehr wissen, wird man nachfragen. Deshalb:

Geben Sie einen Ansprechpartner für Rückfragen am Ende der Presseinformation (mit Telefonnummer und den Zeiten, zu denen man ihn erreichen kann) an!

Zum Ratschlag „Fassen Sie sich kurz" gehört auch, daß Sie nicht stapelweise Informationen mitschicken. Beschränken Sie sich auf die Presseinformation und – wenn es sinnvoll für Ihr Thema ist – auf ein Foto. Dieses Foto muß qualitativ gut sein, denn Zeitungsdruck ist bekanntlich nicht sehr gut. Wenn es in Ihrer Meldung um Menschen geht, sollten Sie auf dem Foto diese Menschen zeigen. Geht es um Produkte, zeigen Sie diese usw.

Das ideale Fotoformat ist 13 x 18 cm. Bedenken Sie bei der Aufnahme aber, daß es – wenn überhaupt – in der Zeitung vermutlich sehr viel kleiner zu sehen sein wird. Also nicht zu viele Details, keine allzu „künstlerischen" Aufnahmen, deren Qualität auf dem groben Zeitungspapier kein Mensch wahrnehmen wird.

Farbbilder sind o.k., ideal sind aber gute Schwarzweiß-Aufnahmen, da der Qualitätsverlust in dem ebenfalls schwarzweißen Abdruck geringer ist.

Präsentieren Sie diese Unterlagen dem Redakteur bitte mundgerecht: Auf der Presseinfo müssen vollständige Adressen und Namen stehen, desgleichen auf der Rückseite des Bildes.

Auf oder an das Foto hängen Sie auch noch einen Kurztext mit den wichtigsten Infos („Raumdesign in der Bonner Müllerstraße zeigt vom 17. bis 31. Mai 1999 die Ausstellung ‚Kunst im Büro'. Öffnungszeiten: Montag – Freitag von 9 Uhr bis 18 Uhr").

Oft wählen die Redakteure lieber Fotos mit Bildunterschriften statt langer Texte, weil es die Seitengestaltung auflockert. Wenn Sie diesen Kurztext gleich mitliefern, können Sie sicher sein, daß die wichtigsten Infos enthalten sind.

Lassen Sie Ihre Presseinformation nur von einem formulierungs- und rechtschreibsicheren Menschen verfassen!

Das Beste, was Sie erreichen können, ist, daß Ihre Presseinformation genauso abgedruckt wird, wie Sie sie formuliert haben. Das ist gar

nicht so unwahrscheinlich, denn wenn der Redakteur eine gute Presseinformation vorliegen hat, spart er sich eine Menge Arbeit. Aber: Auch
alle Fehler (Termine, Namen, Tippfehler, ungenaue Formulierungen)
können so in die Zeitung gelangen.

**Senden Sie Ihre Presseinformation an den richtigen Ansprechpart-
ner!**

Machen Sie sich die Mühe herauszufinden, wer der zuständige Redakteur für Ihre Nachricht ist. Das kann ein Lokal- oder ein Wirtschaftsre-
dakteur sein, aber auch ein Mitarbeiter des Feuilletons. Sie können
sich oft die Namen aus dem Impressum der Zeitung heraussuchen;
dort stehen aber nicht alle Namen. Sicherer ist es, bei der Zeitung an-
zurufen und nachzufragen – im allgemeinen kann Ihnen schon die Telefonzentrale die gewünschte Auskunft geben.

Schicken Sie Ihre Presseinformation zum richtigen Zeitpunkt ab!

Wenn Ihre Einladung zum „Tag der offenen Tür" einen Tag vor dem Ereignis erst bei der Zeitung landet, sind Ihre Chancen gleich Null. Ist sie
vier Wochen vorher dort, geht sie in dem Berg ähnlicher Meldungen,
der sich in den kommenden Wochen ansammelt, unter.

Bei Veranstaltungen oder Ausstellungen sollte es Ihre Zielsetzung sein,
daß einige Tage vorher darüber berichtet wird. Am besten erreicht die
Info deshalb den zuständigen Redakteur rechtzeitig zur wöchentlichen
Redaktionskonferenz, bei der die nicht tagesaktuellen Themen für die
kommende Woche geplant werden. Erkundigen Sie sich bei Ihrer/Ih-
ren Zeitung/en nach dem entsprechenden Wochentag (meist ist es der
Montag), und planen Sie den Versand entsprechend.

! Ergänzende Informationen

Schauen Sie sich nochmal die Tips für gute Briefe an. Sie werden Ihnen helfen, sich auch bei Ihrer Pressemitteilung auf das Wesentliche zu konzentrieren. Mehr dazu finden Sie ab Seite 55.

Zusammenfassung: Öffentlichkeitsarbeit

Formen der Öffentlichkeitsarbeit

1. Presseinformationen über Produkte, Personen oder Ereignisse.

2. Publikumsveranstaltungen („Tag der offenen Tür", Hausmessen).

3. Repräsentation des Unternehmens durch Vertreter bei Veranstaltungen, öffentlichen Gremien.

4. Unterstützung gemeinnütziger Projekte.

Bestandteile einer Presseinformation

1. Datum.

2. Ort der Veröffentlichung.

3. Überschrift mit dem Kernsatz der Information.

4. Kurztext mit näheren, sachlichen Informationen über das Ereignis/die Person/das Produkt. Keine werblichen Formulierungen.

5. Bei Ausstellungen: Termine der Eröffnung und Ausstellungsdauer, Ort, Öffnungszeiten.

6. Ansprechpartner im Unternehmen mit Telefonnummer und Bürozeiten.

7. Sofern vorhanden: qualitativ gute Fotos von Produkt oder Person, Format 13 x 18 cm, je nach Medium schwarzweiß oder in Farbe. Kurzinformation mit den wichtigsten Angaben in drei bis vier Zeilen als Aufkleber oder Anhang.

8. Als Briefpapier entweder Firmenbogen oder speziellen Bogen „Presseinformation" verwenden.

9. Text auf Spaltenbreite der Zeitung schreiben (35 bis 40 Anschläge pro Zeile).

10. Zweizeilig schreiben.

6 Auf die Schnelle: Handzettel

Das ist das, was Sie mindestens einmal täglich in verschiedenen farblichen Varianten in Ihrem Briefkasten oder unter Ihren Scheibenwischer geklemmt vorfinden.

Die Bandbreite der Verfasser geht von dem mehr oder weniger gemeinnützigen Unternehmen, das gerne Ihre alten Kleider hätte, über den Lebensmittelhändler mit den aktuellen Super-Sonderangeboten, den fleißigen Fliesenleger, der garantiert sofort kommt, bis zur Kindergruppe „Wilde Hexe", die ihre Dienste anbietet.

Ein perfektes Beispiel, wie Gestaltung, Inhalt, Zielgruppe und Medium miteinander harmonieren – und selbst aus einem im doppelten Sinne „billigen" Medium wie Handzettel ein wirksamer Werbeträger wird: keine aufdringlichen, grellbunten Farben, sondern ein (sehr preisgünstiger) einfarbiger Druck mit einer originellen, witzigen Gestaltung. Das Angebot erfordert keine tollen Werbesprüche, es ist sofort klar, worum es geht. Und mit dem Handzettel im Briefkasten wird genau die Zielgruppe erreicht, die es angeht.

Einige Gemeinsamkeiten dieser Handzettel-Ausbeute sind unübersehbar: Die Werbung sieht aus, als wäre sie billig herzustellen (stimmt: Im Notfall reicht ein Kopierer!), und die Anbieter sind kleine Unternehmen oder Institutionen.

Also lohnt es sich auf jeden Fall, diese Werbeart näher anzusehen.

Keiner für alle: Einsatzmöglichkeiten

Die genannten Beispiele zeigen schon: Handzettel eignen sich, bei allem Kostenbewußtsein, nur für bestimmte Produkte oder Dienstleistungen.

Wann immer Sie sich mit Ihrem Angebot auf hohem Niveau bewegen – in den Preisen, in der Qualität und in dem sozialen Status Ihrer potentiellen Kunden – sollten Sie niemals mit Handzetteln arbeiten. Handzettel werden automatisch mit „billig" assoziiert – und diese Beurteilung überträgt sich auf Ihr Produkt.

Diese Assoziation läßt sich im Umkehrschluß natürlich auch sehr wohl ausnutzen: Wenn Sie nämlich Ihr günstiges Angebot noch untermauern wollen.

Haben Sie einen kleinen Laden mit Second-Hand-Mode im Ort, erregen ein Hochglanz-Prospekt oder aufwendige Farbanzeigen in der Tageszeitung sicherlich einige Aufmerksamkeit. Der Leser würde sich aber ganz sicher Gedanken machen, wie Sie Ihre angeblich so günstigen Preise halten können, wenn Sie ein sichtbares Vermögen in Ihre Werbung stecken.

Der Handzettel dagegen paßt zu Ihrem Anspruch. Er gibt Ihnen außerdem noch die Möglichkeit, mit Ihrem Angebot ganz aktuell zu sein – die Herstellung kostet kaum Zeit.

Es gibt zwei Möglichkeiten, Handzettel herzustellen: mit dem Fotokopierer oder als Druck.

Tatsächlich ist der Fotokopierer nicht einmal unbedingt der billigste Weg. Ab einigen hundert Exemplaren wird der professionelle Druck auf jeden Fall günstiger.

Sowohl für den Druck als auch für den Fotokopierer brauchen Sie eine Vorlage mit Ihrem Text. Wenn Sie sich für das Kopieren entschieden haben, schreiben Sie den Text unbedingt auf ein weißes Papier mit schwarzer Schrift, denn damit erzielen Sie die besten Kopierergebnisse.

Sollten Sie nicht gerade eine Handschrift haben, die kalligraphischen Anforderungen genügt, benutzen Sie eine Schreibmaschine, besser noch einen Computer. So haben Sie ein besseres Schriftbild und einige Gestaltungsmöglichkeiten, z. B. durch Fettdruck.

Vorsprung durch Schnelligkeit: Kopieren

Ansprechpartner sind Kopierzentren, die Ihnen pro Kopie – je nach Menge – zwischen 5 und 15 Pfennige berechnen werden. Auf Wunsch können Sie Ihre Angebote auch auf farbiges Papier kopieren lassen, das wird dann etwas teurer.

Verzichten Sie bei diesem Verfahren darauf, Bilder in Ihren Handzettel mit einzubauen – die Wiedergabe-Qualität ist immer schlecht. Möglich sind *Strichzeichnungen,* Zeichnungen ohne Flächen, die eben nur aus Strichen bestehen (etwa die Umrisse eines Gerätes oder einer Figur).

Die volle Kraft des Tones: Drucken

Ideal für solche Aufträge sind sogenannte *Sofort-* oder *Schnelldruckereien.* Diese finden Sie in jeder größeren Stadt im Branchenbuch. Diese Druckereien sind auf kleine Auflagen und schnelle Lieferung spezialisiert, das werden Sie auch an den Preisen merken.

Wundern Sie sich bitte nicht: Dort sieht es oft aus wie in einem Endlager für den Jahresbedarf der Papierindustrie. Und die Berater sind auch meist nicht gerade die streßfreiesten Menschen. Aber sie sind daran gewöhnt, mit Auftraggebern zu sprechen, die sich nicht mit der Materie auskennen. Man unterstützt Sie auch, in gewissem Rahmen, bei der Gestaltung, zeigt Ihnen z. B. Muster für Motive und Schriften. Erwarten Sie aber bitte keine besondere Originalität von dieser Beratung!

Wenn Sie gestalterische Fähigkeiten haben, können Sie den Text entsprechend dem Verfahren beim Kopieren der Druckerei als komplette Vorlage geben. Der Druck erfolgt dann direkt von Ihrer Vorlage. Dazu muß diese Vorlage natürlich sehr sauber, die Schrift ganz klar und scharf sein, denn jede Unsauberkeit ist auch im Druck zu sehen.

Wenn Sie es sehr eilig haben und Ihren Auftrag früh am Morgen abgeben, können Sie Ihre Drucke in der Regel noch am gleichen Tag abholen.

Bei dem anderen Verfahren wird Ihr Text durch die Druckerei *gesetzt*. Der Setzer erfaßt ihn heute üblicherweise in einem Computer und verarbeitet ihn dann elektronisch zur Druckvorlage. Das ist etwas teurer als das direkte Verfahren. Im Gegensatz zum Kopieren erhalten Sie Ihre Drucke in einer Qualität, die dem Original entspricht, egal wie hoch die Auflage ist. Das wirkt auch professioneller als eine bloße Kopie.

Nichts wie weg: Verteilung

Wie kommen nun Ihre gedruckten oder kopierten Handzettel zu den erwartungsvollen Kunden in die Briefkästen? Das hängt vor allem von dem Gebiet ab, das Sie mit Ihrer Werbung beglücken wollen. In kleinen Bereichen, etwa einigen Straßenzügen, können Sie es selbst übernehmen. Bei größeren Gebieten, zum Beispiel einem kleinen Ort oder Stadtteil, suchen Sie sich Austräger. Dazu eignet sich ein Aushang in einer Schule, Universität oder eine entsprechende Kleinanzeige.

Für eine weite geographische Verbreitung oder eine große Stadt kommen Sie mit Austrägern nicht weiter: Sie müßten ein eigenes Unternehmen zur Kontrolle Ihrer zahlreichen Verteiler aufbauen – und bezahlen!

Eine Alternative sind professionelle *Verteilunternehmen*. (Vielleicht sind diese Firmen ja aus der oben geschilderten Notwendigkeit entstanden?). Die Kosten für diese Profis stehen jedoch in keinem Verhältnis zu den Produktionskosten Ihrer Handzettel. Grundsätzlich sind Handzettel deshalb nur in engen geographischen Grenzen sinnvoll.

Es kommt drauf an, was man draus macht: weitere Einsatzmöglichkeiten

Das Schöne an Handzetteln ist, daß Sie sie für weitere Zwecke nutzen können: Legen Sie sie in Ihrem Laden oder Büro aus, geben Sie sie an Freunde, Familie und Bekannte weiter, hängen Sie die Zettel ins Schaufenster und tragen Sie einige bei sich, um sie wie eine Visitenkarte bei entsprechender Gelegenheit zu verteilen.

Die Idee mit dem gewissen Extra: Beileger in Zeitungen

Kennen Sie die typische Handbewegung mit der Wochenendzeitung? Oben und unten festhalten und über dem Papierkorb erst einmal die netterweise in der Zeitungsmitte konzentrierten Beilagen herausschütteln.

Selbstverständlich macht das nicht jeder. Aber vor allem bei einer so einfach gestalteten Werbung wie einem Handzettel ist die Gefahr groß, daß Ihre liebevolle Werbung auf diese Weise verschwindet. In Anbetracht der nicht ganz unerheblichen Kosten (Beispiel: Zeitung mit Auflage 200 000, Preis je 1 000 Stück ca. 130 DM) wird klar, daß diese Einsatzmöglichkeit mit Vorsicht zu genießen ist.

Zudem können Sie die Anzahl der Zettel nicht selbst bestimmen, sondern es gibt eine ziemlich hohe Mindestbelegung. Und Sie haben bei diesen Teilbelegungen keinen Einfluß darauf, in welchem geographischen Gebiet Ihre Werbung letztendlich landet.

Nur bei kleinen Lokalzeitungen lohnt es sich, nach der Möglichkeit von Beilegern zu fragen. Aber auch hier besteht die Gefahr, daß das oben beschriebene Verfahren von den Zeitungslesern verwendet wird, und Ihre Werbung direkt im Müll landet.

Zusammenfassung: Handzettel

Vorteile:

- geringe Produktionskosten,
- geringer Zeitaufwand,
- kann selbst gestaltet werden,
- als „billige" Werbeart unterstreichen Handzettel günstige Angebote,
- kann durch schnelle Produktion für aktuelle Angebote gut eingesetzt werden.

Nachteile:

- nur innerhalb eng begrenztem geographischem Umfeld einsetzbar,
- nicht allzu viele Gestaltungsmöglichkeiten, wenn Kopier- oder Druckqualität gut sein soll,
- Verteilung schwierig zu kontrollieren,
- kann in der Vielzahl ähnlicher Handzettel untergehen oder gleich weggeworfen werden.

7 Flirt mit James Bond: Kinowerbung

Vor den Genuß des heiß erwarteten Films hat der Kinobesitzer eine halbe Stunde Ausharren im Hagel mehr oder weniger origineller Werbung gesetzt.

Diese halbe Stunde zeigt meist einen Querschnitt aller Qualitäten werblicher Bemühungen. Da gibt es das unscharfe Dia des Handwerkers um die Ecke, ganz offensichtlich schon seit zwanzig Jahren im Einsatz, wie man an dem unmodernen Haarschnitt der abgebildeten Personen sieht. („Hier bohrt der Chef persönlich!"). Kommentiert wird das Bild von einer quäkenden Stimme, vermutlich die Ehefrau des Chefs persönlich. Es gibt auch bessere Dias und professionellere Stimmen, es gibt schlechte kurze Filmchen, ganz gute und ganz hervorragende.

Manche Kinowerbefilme sind schon echte Klassiker, wie die amüsante, mit etlichen Preisen ausgezeichnete Eiscremewerbung von Langnese.

Vor allem auch die Zigarettenhersteller stürzen sich mit großen Budgets auf dieses Medium, seit sie im Fernsehen nicht mehr werben dürfen.

Für die lila Pause: Werbemöglichkeiten

Entwirren wir einmal die verschiedenen Werbemöglichkeiten im Kino, und schauen wir, inwieweit sie sich auch für kleinere Unternehmen eignen. Es gibt vier grundsätzliche Varianten:

- den *Werbefilm,*
- den *Kinospot,*
- das *Dia mit akustischem Kommentar,*
- das *Dia pur.*

Die erste Variante können wir getrost sofort ausschließen: Filmproduktionen erfordern ein Budget, von dem Sie als Gesamtumsatz in Ihrem ersten Geschäftsjahr vermutlich nur träumen werden.

Variante 2, der Kinospot, ist ein kurzer Werbefilm zwischen ca. 13 und 26 Sekunden. Er kann ein „echter" Film sein (Realfilm), z. B. über die Geschäftsräume, oder ein Trickfilm. Doch um diesen Film nicht laienhaft oder gar peinlich werden zu lassen (der Chef persönlich führt mit vor Aufregung rotem Gesicht, verkrampftem Dauerlächeln und sichtbaren Schweißtropfen übers Firmengelände), brauchen Sie Profis. Und schon wird's wieder teuer: Die Produktionskosten liegen bei ca. 3 000 DM aufwärts.

Diawerbung jedoch wird Ihnen durch die Beispiele, die Sie normalerweise im Kino sehen, vielleicht vermiest sein. Aber es geht auch besser.

Meist scheitert das Ganze schon an dem Foto. Es fehlen zwei entscheidende Voraussetzungen: sehr gute Qualität der Aufnahme (schließlich wird das Dia ja enorm vergrößert und auf die Kinoleinwand projiziert, so daß man auch die geringsten Mängel sieht) und die notwendige Originalität, um die Aufmerksamkeit der Besucher zwischen den Versorgungsgängen für den Cola- oder Popcornvorrat zu fesseln.

Das Qualitätsproblem läßt sich relativ einfach lösen: Beauftragen Sie einen Profifotografen mit der Aufgabe.

Um die dadurch entstehenden Kosten sinnvoll einzusetzen, wählen Sie ein Motiv, das Sie auch für Ihre sonstige Werbung (Anzeigen, Plakate) verwenden können.

Allerdings ist es damit oft nicht getan: Die meisten Kinos können die haushaltsüblichen Dias gar nicht mehr verwenden. Im Zuge der fortschreitenden Automation werden sogenannte „Dias-auf-Film" (DaF) eingesetzt. Dabei entsteht ein kurzer Filmstreifen (ca. 10 Sek. ohne, ca. 20 Sek. mit Ton), mit dem die abgefilmten Dias über den Filmprojektor gezeigt werden. Die Produktionskosten beginnen für ein stummes Dia bei ca. 850 DM. Bei dem „tönenden" Dia liegen die Kosten bei ca. 1 500 DM aufwärts.

Bringt Spannung ins Dia: Motive

Die Kernfrage ist: Was bilde ich ab? Wie immer läßt sich diese Frage nicht allgemeingültig beantworten, da sie natürlich stark von Ihrem Angebot abhängt. Aber ein paar Ideen, die Sie schon aus den Kapiteln „Anzeigen" und „Plakate" kennen, helfen auch hier.

Unerwartete Dinge erregen die Aufmerksamkeit. Wenn Sie Ihr Produkt einfach ablichten, zeigen Sie den Menschen etwas Bekanntes – das ist nicht spannend, macht nicht neugierig. Versetzen Sie Ihr Produkt aber in eine „artfremde" Umgebung (etwa einen Computer, der gemütlich in einem Kahn auf dem Wasser schaukelt), oder zeigen Sie es in einer ungewöhnlichen Position (Möbel, die auf dem Kopf stehen oder auf einem Bein balancieren, wecken das Interesse).

Dazu gehört dann natürlich noch eine passende Aussage. Bei dem Computerbeispiel könnte das die Behauptung sein, die Bedienung sei so kinderleicht, daß Ihr Computer zum Naherholungsgebiet erklärt wurde.

Das auf einem Bein balancierende Möbelstück könnte für leichtes, elegantes Design oder auch für flexible Einsatzmöglichkeiten stehen.

Schwieriger wird es, wenn Sie Dienstleistungen anbieten. Überlegen Sie, welchen Nutzen Ihr Kunde von Ihrer Dienstleistung hat: Ihr Schreibbüro spart ihm Zeit und damit Geld – wie wäre es also mit dem Sparschwein auf dem Computer oder noch besser: dem Computer in Sparschwein-Form als Symbol?

Sie sind Handwerker und verlegen Teppiche? Zeigen Sie doch einen entspannten Menschen, der sich auf einem schönen Teppichboden genüßlich ausruht. Oder eine Katze, die dasselbe tut. Damit sagen Sie: Kein Streß, keine Unordnung beim Teppichverlegen, der Kunde ruht sich einfach auf dem Ergebnis Ihrer professionellen Arbeit aus. Übrigens: Diese Aufnahmen lassen sich auch ohne teure Models verwirklichen – mit Computertechnik können Grafiker solche Fotos aus bestehenden Vorlagen komponieren.

! Ergänzende Informationen

Auch bei dieser Art der Werbung gelten bestimmte Anforderungen an die Auswahl des Motives, damit Ihre Werbung wirklich gut „ankommt". Mehr dazu finden Sie auf Seite 41.

Ein Test für die Stimme: Diapräsentation

Jetzt haben Sie noch die Entscheidung zu treffen zwischen einem „stummen" Dia oder einem mit akustischem Kommentar. Verzichten Sie auf die Stimme, brauchen Sie in jedem Fall einen Text für das Bild. Wie bei der selbstgestalteten Plakatwerbung übernehmen Industrie-Fotolabore die Produktion von Dias, bei denen die Schrift in das Foto integriert wird.

Für die Art und den Umfang des Textes können Sie sich ebenfalls an der Plakatwerbung orientieren: Weniger ist sehr viel mehr. Sollten Sie selbst Plakatwerbung betreiben, lohnt es sich sicher, das Dia so zu produzieren, daß Sie es sowohl für die Kinowerbung als auch als Vorlage für den Plakatdruck verwenden können.

Kommen wir zu der zweiten Dia-Variante: Ihr Dia, kommentiert von einer Stimme aus dem *Off* (damit ist gemeint, daß der Sprecher nicht zu sehen ist). Versuchen Sie nicht, diesen Text aus Kostengründen selbst zu sprechen, es sei denn, Sie haben eine sehr gute, geschulte Stimme. Die elektronische Wiedergabe macht aus ganz normalen Stimmen oft quälendes Gequieke – Sie kennen das sicher von Tonbandaufnahmen. Die Firmen, die die Kinowerbung vermitteln, können Sie auch bei der Produktion mit professionellen Sprechern unterstützen. Was sollte die Stimme nun sagen? Auch dabei unterstützen Sie die Profis. Es gilt das gleiche wie beim Text: Sehr wenige Worte müssen reichen. Ihr Dia ist nur kurze Sekunden zu sehen, und Sie haben in den seltensten Fällen die vollkommene Aufmerksamkeit Ihrer Zuschauer.

Wenn Sie zusätzlich auch noch Text auf dem Foto haben wollen, lassen Sie den Sprecher nicht einfach ablesen, was im Schriftteil des Bildes zu sehen ist. Die Aussagen sollten sich ergänzen. Stimmen können z. B. Emotionen besser 'rüberbringen als Geschriebenes. Wenn Sie für Ihr Restaurant werben, könnten auf dem Foto der Name und die Adresse zu sehen sein, während die Begleitstimme sich über die hohe Qualität und die angenehme Atmosphäre äußert.

Grüne Kundschaft: Altersstruktur

Eine Tatsache ist für Ihre Entscheidung pro oder contra Kinowerbung noch wichtig: das Alter der Kinobesucher.

Nach neuesten Untersuchungen sind 70 % der Kinobesucher zwischen 14 und 29 Jahre alt. Eine sehr junge Gruppe also. Und eine finanziell recht gut gestellte, was sie wiederum besonders interessant macht. 58 % der Besucher haben ein Haushaltsnettoeinkommen (Gesamtverdienst aller Familienmitglieder) von mehr als 4 000 DM, nochmal 18 % immerhin noch zwischen 3 000 DM und 3 999 DM.

Diese Struktur müssen Sie bei der grundsätzlichen Entscheidung für oder gegen Kinowerbung berücksichtigen: Ist das die richtige Alters- und Einkommensklasse für Ihr Angebot?

Freude am Sparen: Kosten

Die Schaltkosten für Dias sind gering. Ein stummes Dia können Sie ab 65 DM/Monat buchen, ein tönendes ab ca. 125 DM/Monat.

Da Sie meist sogar einzelne Kinos auswählen können, eignet sich diese Werbung auch gut für regionale Aktionen. Die wirklich hohen Kosten entstehen also nur bei der Produktion von Foto, Dia und gesprochenen Texten.

Preise und Möglichkeiten sind regional sehr unterschiedlich. Ansprechpartner sind die Kinowerbefirmen, die Sie bei dem von Ihnen gewünschten Kino erfahren. Jede Menge allgemeine Informationen über Kinowerbung und Kosten erhalten Sie bei FDW Werbung im Kino e. V., Charlottenstraße 43, 40210 Düsseldorf, Tel.: (02 11) 16 40 733, Fax: (02 11) 16 40 833.

(© *Rüsselsheimer Wohnmobil-Charter*)

Dieses Bild zeigt ein eher klassisches Motiv und es ist ein Beispiel, daß auch Laien (einer der Inhaber des Unternehmens in diesem Fall) gute Fotos machen können. Hier überläßt man dem Bild die Aufgabe zu wirken, der Text beschränkt sich wieder auf Namen und Adresse. Mehr kann in der kurzen Zeit, in der das Dia gezeigt wird (10 Sek.), auch nicht aufgenommen werden.

Zusammenfassung: Kinowerbung

Werbemöglichkeiten

1. Werbefilm,
2. Kinospot,
3. Dia mit akustischem Kommentar,
4. Dia ohne Kommentar.

Für kleinere und mittlere Unternehmen ist aus Kostengründen nur die Diawerbung sinnvoll einzusetzen.

Vorteile:

- regional einsetzbar,
- geringe Schaltkosten,
- relativ geringe Produktionskosten,
- die Zuschauer sind im Alter sehr homogen (14 bis 29 Jahre) und können deshalb gezielt angesprochen werden.

Nachteile:

- es können nur wenige Informationen vermittelt werden,
- die Aufmerksamkeit der Zuschauer ist abgelenkt,
- die Altersstruktur der Zuschauer schränkt die Eignung für bestimmte Produkte ein.

Unbedingt zu beachten:

- Diawerbung nicht selbst „basteln" und besprechen!
- Informationen auf ein Minimum beschränken!
- Bei der Motivwahl daran denken, daß das Dia nur kurz und von unaufmerksamen Zuschauern gesehen wird – es muß also neugierig machen!
- Bei gesprochenen Begleittexten nicht einfach die Informationen auf dem Dia wiederholen!

8 Direkt ins Wohnzimmer: Fernseh- und Funkwerbung

Das erstere können wir schnell abhandeln: Fernsehwerbung ist für regional arbeitende Unternehmen zu teuer in der Schaltung, zu aufwendig in der Produktion, und von den Menschen, die Fernsehwerbung erreicht, ist nur ein minimaler Prozentsatz für ein regionales Unternehmen interessant – der Streuverlust ist riesig! Das gleiche gilt für die öffentlich-rechtlichen Rundfunksender.

Nicht immer riesig, der Kleine: Regionalsender

Etwas näher betrachten wir uns die regionalen Privatsender, die manchmal sogar nur auf eine Stadt und deren Umland beschränkt arbeiten.

Erkundigen Sie sich einfach einmal bei Ihrem regionalen Sender nach den Schaltkosten. Wenn Ihnen der Preis für einen 60-Sekundenspot sehr niedrig vorkommt, und Sie sich voller Begeisterung in dieses neue Medium stürzen wollen – bitte etwas Geduld.

Zunächst einmal: *Ein* Spot ist völlig nutzlos. Radiowerbung, wenn sie überhaupt erfolgreich sein soll, lebt von der ständigen Wiederholung über einen längeren Zeitraum.

Ist es Ihnen nicht selbst schon passiert, daß Ihnen ein Werbesong oder ein Spruch, so absolut dumm der Text und primitiv die Melodie auch waren, nicht mehr aus dem Kopf ging? Einfach, weil Sie das Ganze morgens, mittags und abends immer wieder gehört haben?

Und so wird aus dem günstigen Hunderter, den Sie die 60-Sek.-Schaltung kostet, sehr schnell der eine oder andere Tausender.

Außerdem ist der Sendetermin genauso wichtig wie der Spot selbst. Die Sender wissen das auch, und deshalb sind die interessantesten Zeiten (im Berufsverkehr) erheblich teurer als andere Sendetermine.

Dabeisein ist alles: Hörerzusammensetzung

Der Berater des Senders wird Ihnen vielleicht recht beeindruckende Zahlen über seine Hörer in der kostengünstigen Zeit zwischen 10 Uhr und 15 Uhr vorlegen.

Doch fragen Sie einmal nach, *wer* diese Hörer sind. Und dann entscheiden Sie, ob die Hausfrauen oder Teenies, die vermutlich die Mehrheit dieser Gruppe stellen, die richtigen Ansprechpartner für Ihr Angebot sind.

Die Art des Programmes prägt die Zusammensetzung der Hörer. Liegt der Schwerpunkt auf brandaktueller Popmusik, werden hauptsächlich Menschen bis ca. 30 Jahre die Zuhörer stellen. Bewegt sich die Plattensammlung des Senders zwischen Marianne und Michael (Volksmusik) und Udo Jürgens (Schlager), werden eher ältere Menschen einschalten.

Auch hier stellt sich die allgegenwärtige Frage: Ist das Ihre Zielgruppe?

Wer wird denn gleich in die Luft gehen: Produktion

Wenn Sie sich für Rundfunkwerbung entscheiden, widerstehen Sie auch bei diesem aufregenden Medium bitte mit allen Mitteln der Versuchung, durch Eigenproduktion Geld zu sparen. Auch für einen Spot im kleinen Privatsender brauchen Sie geschulte Sprecherstimmen und jemanden, der Texte schreibt, die sich für das Medium eignen – und das tun Ihre Anzeigentexte keineswegs.

Die notwendige Unterstützung erhalten Sie von dem Sender selbst, der es ja hauptsächlich mit kleineren ortsansässigen Unternehmen ohne Erfahrung in der Radiowerbung zu tun hat.

Erwarten Sie von dieser Unterstützung aber bitte keine besondere Originalität. Man wird Ihnen in der Regel ein gutes Angebot für die Produktionskosten machen, bei der Buchung von sehr vielen Schaltterminen gibt es die Produktion vielleicht sogar umsonst. Aber bei diesen vergleichsweise geringen Kosten sind die qualitativen Möglichkeiten natürlich begrenzt. Verfolgen Sie die Werbung in dem Sender einige Zeit lang, dann wissen Sie, was Sie erwarten können.

Sicherlich können Sie die Konzeption und Herstellung auch in die Hände externer Produktionsgesellschaften geben. Die Kosten dafür stehen dann aber in keinem Verhältnis mehr zu den Schaltkosten für die Werbung.

In jedem Fall kann Radiowerbung nur eine *Ergänzung* Ihrer sonstigen Werbeaktivitäten sein, sofern es Ihr Budget zuläßt. Mit einer ausschließlichen Konzentration auf Radiowerbung lassen Sie die viel breiteren Möglichkeiten anderer Werbemedien ungenutzt.

Zusammenfassung: Funk- und Fernsehwerbung

Für kleinere und mittlere Unternehmen ist Fernseh- und Funkwerbung in den öffentlich-rechtlichen Sendern nicht finanzierbar.

Möglichkeiten bei Regionalsendern

Nicht geeignet:

- für Unternehmen, die nur in einem eng begrenzten Raum arbeiten (z.B. Stadtteil),

- für Angebote, die stark erklärungsbedürftig sind oder über ihre Optik verkauft werden,

- für kurzfristige, aktuelle Angebote (Planung und Produktion von Funkwerbung braucht Zeit),

- für Unternehmen mit sehr geringem Werbeetat (viele Wiederholungen notwendig, um wirksam zu sein),

- als einzige Werbeart.

Geeignet:

- für Imagewerbung (Bekanntmachen eines Firmennamens),

- für aktuelle Angebote, sofern sie lange vorher planbar sind (längere Produktionszeiten),

- als Ergänzung der sonstigen Werbemaßnahmen.

Wichtige Tips für die Entscheidung

- Radioprogramm genau anhören: Musik und Informationsangebot entscheidet über Hörerzusammensetzung!

- Sendezeiten-Angebote kritisch prüfen: Wer hört zu den jeweiligen Zeiten zu? Hausfrauen, Männer/Frauen auf dem Weg zur Arbeit, ältere Menschen!

- Produktion unbedingt Fachleuten überlassen!

---

9 Schöne neue Welt: Internet

Wenn Ihr Nachbar Ihnen vor fünf Jahren an einem eisigen Dezember-tag erzählt hätte, daß er am Nachmittag surfen gehen will, wären Sie vermutlich um seinen Geisteszustand besorgt gewesen. Heute wissen sie: Es ist nicht die kalte Nordsee, sondern das Meer der Informatio-nen, auf dem er sich bewegt,
Genaugenommen ist das Internet ein geradezu anarchistisches Chaos: Die Grenzen sind nur technischer, nicht aber moralischer oder gar po-litischer Natur. Wo der Zugang allen möglich ist, ist alles möglich. Das heißt natürlich auch: alles Gute und alles Schlechte – doch das war schon immer der Preis der Freiheit. In rasendem Tempo hat sich das In-ternet in den letzten Jahren vom Kommunikationsmittel einiger Wis-senschaftler zum weltweiten Kommunikations- und Informationsmedi-um entwickelt.

Das Internet bietet Ihnen eine Vielzahl von Diensten. Die wichtigsten für Sie sind die E-mail und das World Wide Web als Informationsquel-le und Werbemöglichkeit: Bereits jeder 4. Internet-Nutzer hat schon einmal online Produkte bestellt, ca 1/3 nutzte Dienstleistungsangebo-te, wobei es sich dabei fast ausschließlich um Homebanking handelt.

Come in and find out: Der Weg ins Web

Das geht zum Beispiel über die Online-Dienste wie AOL (Telefon: 01 80 – 5 31 31 64 oder über AOL/Strato: 0 30 – 88 61 50), Compuserve (Te-lefon: 01 80 – 5 25 81 46) oder t-oline (Telefon: 0 89 – 7 41 17-4 23). Diese Online-Dienste stellen als sogenannte „Provider" den Zugang zum Internet her. Die Software gibt's meist umsonst. Bei der viertel-jährlichen Zeitschrift t-online zum Beispiel liegt eine CD mit der Grund-austattung bei. Ansonsten finden Sie in den Fachzeitschriften jede Menge Angebote. Es gibt beim Vergleich der Angebote einige Dinge auf die Sie achten sollten: Viele Pauschalangebote schließen zum Bei-spiel eine Hompage ein, jedoch nur mit einer Größe von z.B. 5 MB. Wenn Sie schon mal mit Bildern oder Grafiken gearbeitet haben, wis-sen Sie, wieviel Speicherplatz ein einziges Bild benötigen kann. Versu-chen Sie sich also vorher darüber klar zu werden, wie groß Ihre Datei für die Homepage ungefähr werden wird. Schauen Sie sich Seiten im Internet an, die Ihren Vorstellungen entsprechen und rufen Sie die „Eigenschaften" dieser Seiten ab – dort finden Sie auch die Größe.

Fragen Sie jeden einzelnen Punkt des Angebotes ab, z. B. „Datentransfer pro Monat": „Wofür brauche ich das?", „Was kann ich damit tun?", „Wie sieht dieser Wert im Vergleich zu dem durchschnittlichen Bedarf aus?".
Wenn Sie mit mehreren Anbietern gesprochen haben, werden Sie eine gute Vorstellung von dem haben, was Sie tatsächlich brauchen.

Die Anbieter informieren Sie auch, welche Hardware-Ausstattung Sie brauchen, um auf die Datenautobahn zu kommen. Normalerweise geht das mit jedem handelsüblichen Computer. Die meisten der neuen Computer haben bereits das erforderliche Modem für den Internetanschluß eingebaut.

Wer es hat, erreicht mehr: Wann sollten Sie ins Internet?

Neben dem Spaß am surfen durch eine geradezu unendliche Informationsvielfalt ist das Internet für viele Unternehmen zum selbstverständlichen Bestandteil ihres Werbeauftritts geworden. Für jeden, der im weitesten Sinne mit Medien zu tun hat, ist die eigene Homepage ein Muß. Große Versandhäuser und Verlage haben auch schon die zusätzlichen Absatzmöglichkeiten erkannt.

Es gibt keine gesicherten Daten über die Anzahl der Internet-Nutzer, aber eine Erhebung des renommierten Marktforschungsinstitutes GfK spricht von rund 7 Millionen Nutzern in Deutschland. Eine ganz schöne Reichweite für Ihren Computer-Laden in Wanne-Eickel, nicht wahr? Natürlich ist der Streuverlust immens aber das Preis-Leistungsverhältnis kann durchaus stimmen. Wenn Sie eine jüngere, gebildete Kundschaft ins Auge fassen (Durchschnittsalter 35 Jahre), zum Beispiel. Eines sollten Sie auch noch wissen – die Nutzer des Internets sind (noch) überwiegend männlich (70%). Die bisherige Erfahrung hat auch gezeigt, daß die Angebote im Internet vor allem zur ersten Information über Unternehmen, Produkte und Preise genutzt wird. Die eigentliche Bestellung erfolgt dann meist noch über den „klassischen" Weg. Doch auch der direkte Verkauf wächst.

Kein Wunder! Wie kommen Sie zu Ihrer eigenen Homepage?

Wie für jede andere Werbung gilt auch hier: Wenn, dann professionell.

Die Gestaltung einer Homepage läßt sich relativ schnell lernen, am besten in einem entsprechenden Kurs. Dafür reicht schon ein Wochenende, Voraussetzung ist allerdings, daß Sie nicht gerade mit dem Computer auf dem Kriegsfuß stehen. Angebote gibt's sogar schon von den Volkshochschulen. Dabei lernen Sie HTML kennen: Hypertext Markup Language – die Programmiersprache, die das Aussehen eines Dokumentes festlegt. Sie werden feststellen, daß HTML ein ziemlich aufwendiger Weg ist, Ihre Seiten zu gestalten. Viele Softwarepakete für Ihren Computer haben heute schon Programme, die bestehende Dateien in HTML „übersetzen". Doch die Kenntnis der Sprache hilft bei den Feinheiten.

Natürlich gibt es auch Profis, sogenannte Web-Designer, die das ab ein paar hundert Mark für Sie übernehmen. Viele Werbeagenturen haben diese Art der Gestaltung schon im Angebot, in den Branchenseiten finden sich Freiberufler und vielleicht hat der Computerladen, in dem Sie Ihre Ausrüstung gekauft haben auch einen guten Kontakt.

Gerade, wenn Sie Ihre Seiten aus Kostengründen selbst gestalten wollen, seien Sie sich der großen Konkurrenz bewußt – und unterschätzen Sie nicht den Unterhaltungswert, den Internet-Nutzer erwarten.

Gutes für Ihr Geld: Der Zugang zum Netz

Sie haben grundsätzlich zwei Möglichkeiten: Sie können Ihre Seite bei einem der Online-Dienste „einstellen". Dann haben Sie keinen eigenen Namen (wie z. B. www.meierag.com), sondern Sie sind sozusagen über eine „Unteradresse" des Online-Dienstes zu erreichen (z. B. ourworld.compuserve.com/homepage.meierag). Auch ist der Speicherplatz für Ihre Seite eingeschränkt, was Ihre graphischen Gestaltungsmöglichkeiten und den Einsatz von Bildern begrenzt. Es ist aber natürlich auch die preiswerteste Möglichkeit.

Mehr Freiheit haben Sie, wenn Sie eine eigene Seite bei einem Service Provider anmieten. Dann erhalten Sie eine eigene Adresse (Domain-Adresse) mit einem von Ihnen gewünschten Namen (vorausgesetzt, er ist noch nicht vergeben, denn zwangsläufig müssen diese Namen einzigartig sein). Hören Sie sich bei Geschäfts- und anderen -Freunden um – vielleicht hat schon jemand besonders positive Erfahrungen mit einem bestimmten Anbieter gemacht. Auch die Homepage-Kurse sind natürlich eine gute Möglichkeit, Entscheidungskriterien und Kontakte zu bekommen. Ganz wichtig: die Kosten. Hier können die Unterschiede gigantisch sein. Sehr oft werden sie erheblich von der Größe Ihrer Homepage beeinflußt – deshalb vorher informieren, dann an die Gestaltung gehen.

Wann immer Sie bereit sind: Die Schritte zum großen Auftritt

1. Sofern noch nicht vorhanden: Internet-Anschluß

2. Lernphase

Beschäftigen Sie sich eine zeitlang mit dem Internet, bevor Sie sich entscheiden, selbst Ihr Angebot zu präsentieren. Beim „surfen" lernen Sie nicht nur die Möglichkeiten, sondern auch die Schwierigkeiten und Fallstricke des Mediums kennen. Das gibt Ihnen wichtige Hinweise für die Gestaltung Ihrer Homepage.

3. Konkurrenzbeobachtung

Wenn Ihre Konkurrenz bereits im Internet vertreten ist, schauen Sie sich deren Präsentationen an und überlegen Sie, was man besser machen könnte. Lassen Sie Freunde oder Bekannte das Angebot testen und Verbesserungsvorschläge machen.

4. Wissen aneignen

Auch wenn Sie letztendlich die Gestaltung Ihrer Homepage doch in professionelle Hände geben wollen, ist es nützlich, einen entsprechenden Kurs zu machen – Sie können die Arbeit der Profis dann besser beurteilen.

5. Ziele definieren

Ob für Ihre eigene Gestaltungsarbeit oder für das Gespräch mit den Profis – legen Sie genau fest, was Sie wollen:

– Was wollen Sie erreichen? Ihr Unternehmen vorstellen? Ihr Angebot präsentieren? Oder direkt verkaufen? Setzen Sie einen Schwerpunkt und behalten Sie ihn konsequent im Auge. Ist es das Verkaufen, dann halten Sie sich nicht lange mit der ausführlichen Präsentation der Firmengeschichte auf. Fragen Sie sich bei jeder Information, die Sie in Ihre Seite aufnehmen: Unterstützt das den Verkauf meiner Produkte? Wollen Sie nur Ihr Angebot in einem weiteren Medium präsentieren, den Kunden aber letztendlich zur Kontaktaufnahme mit Ihrem Büro oder Geschäft bringen, wird zum Beispiel der Hinweis auf persönliche Beratung, Demonstration der Produkte oder Muster wichtig.

– Schreiben Sie ein „Drehbuch" für Ihre Seite. Bevor Sie an die Gestaltung gehen, machen Sie sich einen ausführlichen Plan. Das ist vor allem wichtig, um dieses – interaktive – Medium richtig zu nutzen: Das schönste am Internet sind die sogenannten „Buttons": per Mausklick kommt der Nutzer zu weitergehenden Informationen. Dies ist ein sehr nützlicher Weg, Informationen in mundgerechten Portionen aufzubereiten. Ihr Drehbuch sollte also von den allgemeinen zu den speziellen Informationen gehen. Lassen Sie dem Nutzer die Wahl, welchen Bereich Ihrer Präsentation er sich näher anschauen will. Nutzen Sie die Buttons aber auch, um ihn immer wieder neugierig zu machen.

Bei der Gestaltung Ihrer Homepage müssen Sie immer zwei Ebenen im Auge behalten: Wie präsentieren Sie Ihr Angebot inhaltlich wirkungsvoll und wie nutzen Sie dafür die Möglichkeiten eines interaktiven Medium am besten.

Denken Sie auch daran, daß Ihr Angebot sehr oft nicht direkt über Ihre Adresse, sondern über eine Suchmaschine unter einem Stichwort aufgerufen wird. Das heißt, der Nutzer wird innerhalb kurzer Zeit und nach flüchtigem Überfliegen entscheiden, ob er tiefer in Ihre Seite einsteigt. Deshalb gilt auch für Ihren Internet-Auftritt die wichtigste Regel für alle Werbung: Zeigen Sie, was der Leser sehen will – nicht was Sie sagen wollen!

6. Information an die Kunden

Die Adresse Ihrer Homepage und/oder Ihre E-mail-Adresse muß ein genauso selbstverständlicher Bestandteil Ihrer Korrespondenz werden, wie Ihre Telefonnummer. Sie gehört also auf Ihren Briefbogen ebenso wie in jeden Werbebrief. Und die Fertigstellung Ihrer Homepage ist ein guter Anlaß für einen solchen …

Tips für die Gestaltung von Werbebriefen finden Sie ab Seite 57.

Der eine hat's – der andere nicht: Was bringt Ihnen E-mail?

Die elektronische Post ist schneller, kostengünstiger als normale Briefe und sowohl aus Kosten- als auch aus Dokumentationsgründen oft eine Alternative zum Telefonat. Sie können problemlos eine Nachricht an beliebig viele Empfänger schicken. Sie können kontrollieren, ob die Nachricht angekommen ist. Sie können dem Empfänger Hinweise auf die Dringlichkeit geben und je nach Software das ganze mit einer elektronische Wiedervorlage nachverfolgen. Und nicht zuletzt können Sie bestehende Dateien mit Daten oder Fotos mitschicken.

Kein Wunder, daß viele Unternehmen auch für ihre geschäftliche Korrespondenz bereits E-mail nutzen. Zu dem zeitsparenden Aspekt gehört auch, daß E-mail ein unkonventionelles Medium ohne formale Ansprüche ist. Es gibt keine korrekten Briefformen einzuhalten – das würde keinen Sinn machen, da die verschiedenen Software-Versionen ohnehin zu einer uneinheitlichen Widergabe führen. Das ist sicher auch ein Nachteil, da der Aufbau mancher Nachrichten so verzerrt wird, daß man ihn um der Lesbarkeit willen erst mal ordnen muß. Aber es führt auch dazu, Nachrichten so kurz und einfach wie möglich zu halten.

Vor allem aber ist E-mail eines: schnell. Mit welchem anderen Medium können Sie einem Interessenten innerhalb weniger Minuten aktuelle Fotos Ihrer Produkte ans andere Ende der Republik schicken? Die Qualität gefaxter Fotos läßt bekanntlich immer noch sehr zu wünschen übrig und die Bilder sind zudem schwarz-weiß.

Fakten. Fakten. Fakten: Kleines Internet-Lexikon

Provider: Anbieter, der den Zugang zum Internet ermöglicht

WWW: World Wide Web, der bekannteste und beliebteste Teil des Internet

HTML: Hyper-Text Markup Language. Internet-Standard für die Formatierung von Seiten

Hyperlinks: Farblich hervorgehobene Textstellen, Internet-Adressen oder Graphiken. Durch Anklicken kommt der Nutzer zu anderen Textstellen oder Dokumenten.

Homepage: Die Startseite eines Anbieters

Website: Angebot/Dokument im Internet mit der Homepage und allen nachfolgenden Seiten.

URL: Uniform Resource Locator. Vollständige Adresse eines Internet-Dokumentes. Über die Homepage hinaus kann sie den Pfad und Dateinamen für die nachfolgenden Seiten enthalten.

Der Aufbau einer Internet-Adresse kann so aussehen:

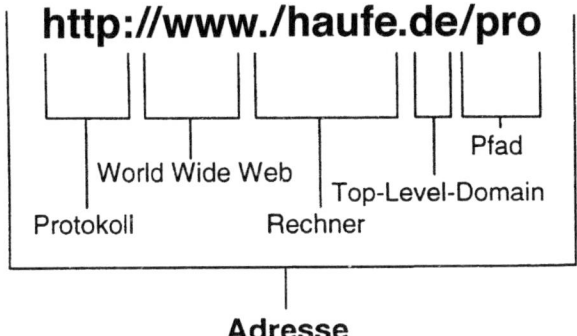

Adresse

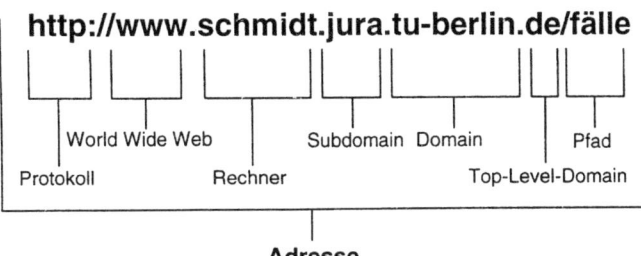

Adresse

Teil II
Rund um die Geschäftsräume

1 Der tägliche Leistungsbeweis: Geschäftspapiere

Wissen Sie, was eine Visitenkarte ist? Selbstverständlich wissen Sie das! Sind Sie da ganz sicher …? Eine Visitenkarte ist nämlich nicht nur Ihre Visitenkarte. Sondern alles, was Ihr Kunde schriftlich von Ihnen erhält.

Im Kapitel „Direktmarketing" haben wir uns ausführlich über die Bedeutung des Schriftverkehrs für Ihr Unternehmen ausgelassen. Da ging es um den Inhalt. Doch auch die äußere Form, sprich: Ihr Briefbogen, hat eine Auswirkung auf die Einschätzung Ihres Unternehmens durch Ihre Geschäftspartner.

Hier gilt, wie bei all Ihrem Handeln:

Wollen Sie als Profi, als kompetent, anerkannt werden, müssen Sie auch in jeder Beziehung professionell und kompetent auftreten.

Einen Briefbogen zu gestalten, scheint ähnlich einfach zu sein wie die Gestaltung einer Anzeige. (Aber wir wissen ja inzwischen, was für Anzeigen dabei rauskommen …). Doch ein Briefbogen ist mehr als ein Notizzettel für Ihre Adresse und die Telefonnummer.

Er repräsentiert Ihr Unternehmen, er ist der – hoffentlich würdige – Rahmen für das, was Sie Ihrem Geschäftspartner mitteilen wollen. Stimmt der Rahmen nicht, wirkt das ganze Bild nicht.

Genug der Analogien – worauf kommt es nun wirklich an?

Sonst nichts: Informationen

Der erste Anspruch an Ihren Briefbogen ist, daß dort alle Informationen einfach zu finden sind. Und beim Thema Anzeigen haben Sie bereits erfahren, welche Faktoren eine leichte Informationsaufnahme unterstützen: klarer Aufbau, Ordnung, einheitliches Schriftbild.

Der Aufbau des Briefbogens muß die Reihenfolge der Wichtigkeit bestimmter Informationen berücksichtigen. Am wichtigsten ist natürlich Ihr Firmenname. Der sollte deshalb sofort deutlich sichtbar an exponierter Stelle stehen.

Wenn Sie in Ihren Briefen etwas schreiben, was den Leser interessiert oder wozu er noch Fragen hat, wird er Ihre Telefonnummer benötigen. Auch danach darf er nicht suchen müssen (etwa, weil sie in kleiner Schrift irgendwo am unteren Ende versteckt ist). Zur Telefonnummer gehören natürlich – sofern vorhanden – auch die anderen Kommunikationsverbindungen: Telefax, Telex, etc. Für den Schriftverkehr wichtig ist Ihre Adresse – also muß auch sie sofort zu finden und gut lesbar sein.

Qualität ist das beste Rezept: Briefbogengestaltung

Hört sich das jetzt so an, als müßten eigentlich all diese Informationen auf ein und demselben Platz stehen?

Genau das ist der Grund, warum die Gestaltung des Briefbogens in die Hand eines Profis gehört. Er kennt alle Tricks, mit denen man Informationen so darstellt, daß der Leser sich leicht orientieren kann.

Er weiß, ob und wie Sie Farben einsetzen sollten, welches Briefpapier zu Ihrem Unternehmen paßt, wie Sie am besten Ihre Unternehmensidee in Ihrem Briefbogen ausdrücken können.

Ein Profi kann Sie ebenso über die Gestaltung einer Seite 2 zum Briefpapier, Rechnungs-, Auftrags- und allen anderen erforderlichen Formularen beraten. Oder Ihnen einen Tip geben, wie Sie kostengünstig mit nur einer Version auskommen können: durch die Anpassung der Briefbogengestaltung an die Möglichkeiten von Computerprogrammen für verschiedene Anwendungen.

Der Grafiker sagt Ihnen auch, warum Ihre Visitenkarte Scheckkartenformat haben sollte und wie dick das Papier dafür sein muß.

Sicher – so eine komplette Gestaltung ist nicht ganz billig. Aber sie ist genauso wichtig wie Ihre Werbung. Und sie wirkt wesentlich intensiver: jeden Tag.

Auch hier gibt es Möglichkeiten, Kosten zu sparen: Wenn Ihnen etablierte Grafiker oder Grafikagenturen zu teuer sind, suchen Sie sich Grafikdesign-Studenten. Die verdienen sich mit solchen kleineren Aufträgen oft Geld fürs Studium.

! Ergänzende Informationen

Rufen Sie sich noch einmal in's Gedächtnis, wie wichtig Ordnung für unser mit Informationen überladenes Gehirn ist – ein gut gestalteter Briefbogen fällt angenehm auf. Mehr dazu finden Sie auf Seite 40.

Entwicklung lebt vom Mitmachen: Vorbereitung

Bereiten Sie auf jeden Fall das Gespräch mit dem Grafiker gut vor – das spart Zeit und damit Geld und beugt Fehlversuchen vor. Zur Vorbereitung gehören Informationen über Ihr Unternehmen (Produkte, Dienstleistungen, Personen), eine kurze schriftliche Zusammenfassung Ihrer Unternehmensidee, ein Muster oder die Bezeichnung Ihrer Hausfarbe(n), sofern Sie solche bereits haben.

Eine Aufstellung über die Einsatzbereiche für das Briefpapier (Angebote, Rechnungen, Mahnungen, Mailings, etc.), Ihre Methode der Textverarbeitung (Schreibmaschine, Computer mit dem entsprechenden Drucker. Das ist wichtig wegen der Papierqualität). Machen Sie sich außerdem Gedanken, welche Auflagen Sie für Briefpapier, Formulare und Visitenkarten brauchen. Bei den Visitenkarten müssen Sie entscheiden, ob Sie eine einheitliche Visitenkarte für alle Mitarbeiter wollen oder individuelle mit dem entsprechenden Namen.

Hilfreich für den Grafiker sind auch Muster von Briefbogen, deren Gestaltung Ihnen zusagt. Denn neben allen neutralen Anforderungen soll Ihr Briefpapier Ihnen schließlich auch ganz einfach *gefallen ...*

Übrigens: Grafiker unterstützen Sie auch bei der Auswahl von geeigneten Druckereien. Sie kennen durch ihre Arbeit die Möglichkeiten, Stärken und Schwächen der Anbieter in der Region und deren Preisniveau. Sie können Ihren Grafikern auch die gesamte Druckabwicklung übertragen, aber Vorsicht: Im allgemeinen wird man Ihnen dafür 15 % des Druckauftragsvolumens als sogenannte *Handlingkosten* berechnen. Sie müssen also abwägen zwischen streßfreier, professioneller Druckabwicklung und den Möglichkeiten Ihres Geldbeutels.

Zusammenfassung: Geschäftspapiere

Bedeutung

- Das Briefpapier vermittelt einen ersten Eindruck vom Unternehmen,
- es ist eine wichtige Informationsquelle!

Gestaltung

- Die Briefpapiergestaltung ist ein wichtiger Bestandteil des Erscheinungsbildes eines Unternehmens. Deshalb müssen seine Anforderungen und Einschränkungen (z.B. hohe Kosten für mehrfarbigen Druck) bei der grundlegenden Konzeption des Erscheinungsbildes berücksichtigt werden.

- Gestaltungsprinzipien unterliegen auch einem „modischen" Wandel. Deshalb sollten auch die Gestaltungsgrundlagen des Firmenerscheinungsbildes (Farben, Schrift u.ä.) in regelmäßigen Abständen, z.B. alle zehn Jahre, überarbeitet und eventuell modernisiert werden. Ein veraltetes Erscheinungsbild vermittelt den Eindruck eines veralteten Unternehmens. Es gibt natürlich Ausnahmen, wo dieser Eindruck („Tradition") bewußt eingesetzt werden kann.

- Farben lösen beim Betrachter Empfindungen aus – deshalb müssen sie mit Sorgfalt passend zum Unternehmen ausgewählt werden.

- Wichtige Informationen (Telefon / Fax, E-Mail, Adresse, Ansprechpartner) müssen sofort zu finden sein. Deshalb muß die Schrift gut lesbar und groß genug sein.

- Qualitativ hochwertiges Briefpapier vermittelt dem Empfänger schon beim Anfassen ein positives Gefühl.

2 Durchblick im Angebot: Schaufenster

Wenn Sie für Ihr Unternehmen einen Laden gemietet haben, werden Ihnen vermutlich schon Begriffe wie „gute Lauflage" vertraut sein. Da Sie davon ausgehen, daß unter den vielen Menschen, die an Ihren Geschäftsräumen vorbeilaufen, eine ganze Menge potentieller Kunden sind, beurteilen Sie deren Lage positiv.

Es gilt also nur noch, diese interessanten Menschen vom Vorbeilaufen abzuhalten und in Ihr Geschäft hineinzulocken. Das fordert aber eine bewußte Entscheidung, die Sie nach Kräften unterstützen müssen.

Gefangen werden Ihre Kunden durch Ihr Schaufenster – das ist auch eine „Visitenkarte" für Ihr Unternehmen. Sofern Sie nicht in der unwahrscheinlich glücklichen Lage sind, ein konkurrenzloses Produkt oder eine ebensolche Dienstleistung im Umkreis von 100 km anzubieten, werden Sie sich bei der Gestaltung Ihrer Fenster einige Gedanken machen müssen. Warum sollen denn die potentiellen Käufer ausgerechnet zu Ihnen in den Laden kommen?

Auch für Ihr Schaufenster gilt das Prinzip jeder Werbung: Sie brauchen einen Blickfang, der zum Kundenfang wird!

Verrückt nach Leben: Gestaltungsideen

Das brave Aufreihen der Naturkostprodukte, die Sie anbieten, ist kein solcher Blickfang. Stellen Sie aber einen echten Baum in Ihr Schaufenster, und hängen oder legen Sie Ihre Waren in die Äste, wird sicher so mancher Blick an dieser Dekoration hängenbleiben.

Nun ist aber ein *hübscher* Anblick noch kein ausreichender Grund, ein Geschäft zu betreten.

In der Gestaltung des Schaufensters sollte auch Ihre Geschäftsidee, die besonderen Vorteile für Ihre Kunden, zum Ausdruck kommen. Angewandt auf den Baum, könnten Sie zum Beispiel verschiedene Sorten eines Produktes, wie Tee, aufhängen – und damit die Vielfalt Ihres Angebotes dokumentieren.

Noch ein Beispiel: Haben Sie ein Einrichtungsgeschäft, wird die wichtigste Funktion der Fenster sein, den Blick auf Ihre Ausstellungsfläche zu lenken. Ihre Fenster können aber mehr tun: Sie können dort Accessoires zeigen, die die verschiedenen Einrichtungen ergänzen, oder Sie können mit einer fantasievollen Dekoration Stimmungen aufbauen, Themen schaffen. So mag eine Komposition aus Pflanzen, Ästen und anderen Naturmaterialien u.a. den Durchblick auf Ihr Naturholzprogramm erlauben.

Ein Arrangement von Maschinenteilen, Metallfolien, Glas- und Stahlobjekten kann einen interessanten Rahmen für „coole" Möbel darstellen.

Und eine ideenreiche Dekoration verschiedener Handwerksgeräte (Hammer, Metermaß, Leiter, Schraubenzieher, Bohrmaschine), Pläne und Zeichenmaterial verdeutlicht Ihren Beratungs- und Montageservice.

„Das sind ja alles ganz schöne Ideen, aber wer macht mir so etwas?" fragen Sie sich angesichts Ihrer zwei linken Hände für ästhetische Arrangements. Da gibt es viele Möglichkeiten:

- Sie können professionelle *Schauwerbegestalter* beauftragen (kostet ziemlich viel Geld).
- Schauen Sie sich nach Schauwerbegestalter-Lehrlingen um (Aushang in der Berufsschule z.B.).
- Sprechen Sie mit Blumenläden, Geschäften für Dekorationsmaterial, Galerien oder Künstlern in Ihrer Nachbarschaft: Mit dem Angebot, einen deutlichen Hinweis auf diese Geschäfte in Ihrer Schaufenstergestaltung unterzubringen, erhalten Sie sicher einen günstigen Preis für Waren und Dekoration.
- Fragen Sie bei Ihren Lieferanten nach Unterstützung mit Material oder Ideen.
- Machen Sie das gleiche mit Ihren Fachverbänden.

Nur Putzen macht es besser: Sauberkeit

Die schönste Schaufensterdekoration nützt Ihnen nichts, wenn sie durch einen Grauschleier verdeckt wird oder die Objekte von einer Staubschicht überzogen sind.

Schaufenster müssen peinlich sauber sein, auch wenn das in einer schmutzbelasteten Innenstadtlage bedeutet, mindestens einmal in der Woche zum Putzlappen zu greifen.

Das kleine Wunder gegen Langeweile: Dekorationswechsel

Einmal das Interesse der Fußgänger an Ihrem Geschäft geweckt zu haben, ist schon ein guter Erfolg. Doch nach dem ersten Ansturm dürfen Sie sich leider nicht auf Ihren Lorbeeren ausruhen. Das Publikum will Abwechslung – je mehr, um so besser! Stellen Sie sich einmal vor, Sie könnten erreichen, daß Menschen regelmäßig zu Ihnen kommen, nur um zu sehen, was für tolle Dekorationen Sie jetzt wieder im Schaufenster haben.

So etwas macht neugierig, das spricht sich herum – der beste Weg, zum „In"-Laden zu werden.

Zusammenfassung: Schaufenster

Bedeutung

- Die Schaufenstergestaltung kann darüber entscheiden, ob ein potentieller Käufer das Geschäft betritt oder nicht.

- Schaufenster bieten die Möglichkeit, das Angebot zu präsentieren und neugierig zu machen.

- Ein Schaufenster kann auch direkten Einblick in das dahinterliegende Geschäft bieten. Dieser Einblick ermöglicht eine weitere Information über das Angebot.

- Schaufenster können die Hemmschwellen, das Geschäft zu betreten, fördern oder abbauen.

- Bei Schaufenstern mit Einblick in die Ladenräume sollten sich alle Verkäufer darüber im klaren sein, daß ihr Verhalten von außen beobachtet werden kann und den potentiellen Käufer beeinflußt.

Unterstützung bei der Gestaltung

durch:

- professionelle Schaufenstergestalter,
- Galerien,
- Blumenläden,
- Deko-Läden,
- Lieferanten / Hersteller,
- Fachverbände,
- freie Künstler.

3 Ein Gebrauchsgegenstand als Werbestar: Telefon

Fragen Sie sich etwas verwundert, was es denn in einem Buch über Werbung zum Telefon zu sagen gibt? Werbung im Telefonbuch vielleicht?

Nein, darum geht es nicht. Obwohl – ein paar Worte kann man schon dazu sagen: Überlegen Sie sich gut, ob Sie dem Drängen des Vertreters eines Telefonbuchverlages, der Sie als Jungunternehmer sicherlich aufsuchen wird, nachgeben.

Hier bezahlen Sie Ihren guten Namen: Telefonbuchwerbung

Wenn Sie als Einzelunternehmer nicht mit Firmennamen im Handelsregister eingetragen werden können, hat er ein ziemlich starkes Argument: Den kostenlosen Eintrag erhalten Sie dann nämlich nur unter Ihrem Eigennamen, ohne jegliche Firmenbezeichnung.

Wollen Sie etwas anderes, müssen Sie zahlen. Und zwar eine ganze Menge Geld: Telefonbuchwerbung ist teuer.

Sie rentiert sich deshalb nur, wenn Sie ein Unternehmen sind, das von ständigen Neukunden abhängig ist und vor allem, dessen Dienste man üblicherweise im Telefon- oder Branchenbuch sucht. Handwerksbetriebe sind dafür ein gutes Beispiel.

Trifft das auf Sie zu, und Sie entscheiden sich für den Werbeeintrag, greifen Sie doch mal zu einem kleinen Trick:

Telefonbücher sind bekanntlich alphabetisch aufgebaut. Wenn Ihr Name nun nicht mit einem der ersten Buchstaben selbigen Alphabets beginnt, versuchen Sie, einen Firmennamen zu finden, der mit einem der ersten Buchstaben anfängt.

Warum das ein Vorteil ist? Ganz klar: Ihre potentiellen Kunden werden üblicherweise unter dem entsprechenden Stichwort anfangen zu lesen. Nennen Sie sich z. B. „Alles rein Gebäudereinigung", können Sie die erste Firma sein, die angerufen wird. Mit Ihrem Familiennamen „Zanders Gebäudereinigung" stehen Ihre Chancen dagegen schon viel schlechter …

Aber eigentlich wollten wir in diesem Kapitel ja gar nicht über Einträge im Telefonbuch reden. Auch nicht darüber, daß Sie als Jungunternehmer ein Telefon brauchen. Das wissen Sie ganz bestimmt selbst.

Aber wissen Sie auch, welche Bedeutung das Telefon und vor allem das Telefonieren auf die Beziehung zu Ihren potentiellen und tatsächlichen Kunden hat?

Lassen Sie doch einmal Ihre ganz persönlichen Erfahrungen Revue passieren: Wie oft haben Sie sich über mürrische Stimmen, unfreundliche Antworten, lange Wartezeiten, bis sich jemand meldet, unverständliche Namen usw. geärgert?

Damit haben Sie bereits eine ganze Menge Ansatzpunkte, wie man schon beim ersten Kontakt am Telefon einen guten Eindruck macht.

Ein nettes Wort tut einfach gut: Begrüßung

Fangen wir ganz von vorne an: Wie melden Sie – und Ihre Mitarbeiter – sich? Mit dem Firmennamen („Domus"), mit Firmennamen und kompletter Firmenbezeichnung, („Domus, Wohnkultur für Anspruchsvolle"), nennen Sie auch gleich Ihren persönlichen Namen („Domus, Müller" oder „Domus, Wohnkultur für Anspruchsvolle, Müller")?

Wie Sie sich melden sollten, hängt sehr stark von Ihrem Firmennamen bzw. Ihrer Firmenbezeichnung ab. Bei der oben genannten Variante „Domus, Müller", hört es sich wie ein Eigenname an, besonders wenn Sie – was wahrscheinlich ist – beim zehnten Anruf am Tag nicht mehr so klar akzentuiert, sondern relativ schnell sprechen werden.

Eine Alternative ist: „Domus, mein Name ist Müller." Klingt das nicht ziemlich hölzern? Stimmt. Sehr freundlich wird Ihre „Meldung", wenn Sie den Anrufer gleich begrüßen: „Domus, guten Tag. Sie sprechen mit Herrn Müller."

Die Nennung des eigenen Namens ist ein wichtiges Stück persönlichen Kontaktes für Ihren Anrufer. Besonders, wenn Sie sich als Geschäftsinhaber selbst am Telefon melden. Fügen Sie jetzt noch ein freundliches: „Was kann ich für Sie tun?" an, wird sich Ihr Kunde sehr angenehm empfangen fühlen.

Natürlich ist das ein ziemlich langer Anfang. Ob Sie es tatsächlich so machen können, hängt sicherlich auch davon ab, wie häufig bei Ihnen das Telefon klingelt.

Nehmen wir nun die bereits erfundene Variante mit der Firmenbezeichnung, wird die Begrüßung noch länger. („Domus, Wohnkultur für Anspruchsvolle, guten Tag. Sie sprechen mit Herrn Müller.") Und Ihr Anrufer mag dann schon etwas ungeduldig am anderen Ende zappeln, bis er endlich sein Anliegen loswerden kann.

Die Frage ist: Welchen Sinn macht dieser „Untertitel" beim Beantworten eines Anrufes? Im allgemeinen wird der Anrufer wohl wissen, bei welchem Unternehmen er anruft. Ihre Meldung muß ihm also sozusagen nur noch bestätigen, daß er die richtige Nummer gewählt hat.

Sollte Ihnen also kein wirklich guter Grund einfallen, den kompletten Titel loszuwerden, lassen Sie es besser. Nach dem besagten zehnten Anruf hintereinander ist diese Wortvielfalt ohnehin eine ständige Falle für Versprecher oder Schnellredner.

Soviel Geschick muß sein: Telefoniergewohnheiten

Apropos Schnellredner. Im Laufe vieler, vieler Jahre haben Sie sich, wie alle Menschen, eine bestimmte Art zu sprechen angeeignet. Tempo, Lautstärke, Deutlichkeit – das sind Kennzeichen Ihrer Persönlichkeit.

Die besonderen Bedingungen des Telefons machen es jedoch für Sie (damit sind natürlich immer auch eventuelle Mitarbeiter gemeint) sinnvoll, Ihre Sprechweise auf Telefontauglichkeit zu überprüfen.

Beim persönlichen Gespräch Auge in Auge unterstützen Mimik, Körpersprache und sichtbare Mundbewegungen das Verständnis des Gesagten. All das fällt beim Telefonieren weg.

Lassen Sie deshalb einmal eine Zeitlang ein Tonband oder Diktiergerät bei Ihren Telefonaten laufen und fragen Sie Freunde und Bekannte, wie sie Ihre Telefonstimme empfinden.

Sollten sich Probleme zeigen („Du nuschelst eigentlich ziemlich", „Ich halte den Hörer immer etwas vom Ohr weg, weil Du so brüllst"), dann müssen Sie nicht gleich einen zehnwöchigen Telefonmarketingkurs belegen, um Abhilfe zu schaffen. Oft hilft es bereits, in unmittelbare Nähe Ihres Telefons, so, daß Sie direkt draufsehen, einen Zettel mit den entsprechenden Stichworten zu hängen: „leiser", „deutlicher", „langsamer".

Sie werden schon nach kurzer Zeit merken, daß Ihr Unterbewußtsein damit arbeitet. Ebenso wie Sie sich die schlechten Eigenschaften angewöhnt haben, werden Sie sich mit der Zeit auch die guten aneignen.

Unterstützen Sie diesen Prozeß, indem Sie Ihren Freunden einen Freibrief geben, Sie so lange penetrant auf Ihr Nuscheln oder Ihre Orkanlautstärke hinzuweisen, bis es dazu keinen Grund mehr gibt.

Manche werden Hilfe brauchen: Namen

Eine der häufigsten Schwierigkeiten beim Telefonieren sind schwerverständliche Namen. Sei es, weil der Gesprächspartner undeutlich spricht oder weil ein Name kompliziert ist. Namen sind aber nun mal etwas sehr Persönliches. Sprechen Sie ihn falsch aus, ist das immer ein Minuspunkt für den Verlauf Ihres Gespräches.

Scheuen Sie sich deshalb nicht, nachzufragen, notfalls den Namen buchstabieren zu lassen. In den allermeisten Fällen wird man Ihnen das als positives Interesse an Ihrem Gesprächspartner anrechnen.

Wenn Sie ein schlechtes Gedächtnis haben, schreiben Sie sich bei jedem Gespräch den Namen auf. Gutes, wenn auch mit der Zeit ziemlich verunstaltetes Hilfsmittel sind jene Schreibtischunterlagen aus Papier, die jede Menge Platz für Namen und andere wichtige Gesprächsnotizen bieten. (Vorsichtshalber sollten Sie allerdings am Ende des Gespräches die jeweilige Notiz ausstreichen – sonst finden Sie vielleicht den aktuellen Namen in dem Sammelsurium nicht schnell genug ...)

Der freundliche Alt: Lächeln am Telefon

Auch wenn es seltsam klingt: Ihr Gesprächspartner merkt am Telefon, ob Sie aufrecht sitzen oder sich in den Stuhl lümmeln, ob Sie lächeln oder eine grimmige Miene machen. Glauben Sie nicht?

Dann sprechen Sie mal den gleichen Satz mit einem Lächeln und mit bösem Gesicht und lassen Sie ein Tonband dabei laufen.

Alles, was Sie mit Ihrem Körper anstellen, hat Auswirkung auf Tonfall, Lautstärke und Ausdruck. Das erste, was Telefonverkäufer in ihren Schulungen deshalb lernen, ist der Tip: „Lächeln Sie, bevor Sie den Hörer abnehmen!"

Dieser Tip ist wirklich Gold wert. Auch wenn Ihnen sehr unfreundlich zumute ist, Sie schlechte Laune, einen „Kater" haben oder aus sonstigen Gründen schlecht drauf sind: Mit einem – echten oder unechten – Lächeln im Gesicht ist es physikalisch praktisch nicht mehr möglich, unfreundlich zu klingen.

Das gleiche gilt auch für Ihre Haltung: Aufrechtes Sitzen läßt die Stimme angenehmer, entspannter und deutlicher ertönen.

Ein guter Stil hilft lebenslänglich: Telefonknigge

Einige weitere Tips in Kürze:

– Lassen Sie bei Ihrem Anruf das Telefon nicht minutenlang klingeln. Wenn sich spätestens nach dem zehnten Läuten niemand meldet, können Sie wohl davon ausgehen, daß Ihr Gesprächspartner entweder nicht da ist oder nicht gestört werden will. Mit dem Dauergeklingel nerven Sie aber alle Kollegen im Umkreis.

– Unterbrechen Sie Ihren Gesprächspartner nicht, es sei denn aus Notwehr (fünf Minuten Dauerreden und zehn Anrufe auf den anderen Leitungen).

– Wenn Ihr Partner lange spricht, erwidern Sie ab und zu ein kurzes „ja", „genau" oder „ich verstehe". Dies zeigt, daß Sie aufmerksam zuhören.

– Essen, schneuzen und husten Sie nicht direkt neben dem Telefonhörer. Diese Geräusche werden aufs Unangenehmste verstärkt in das Ohr des Menschen am anderen Ende übertragen.

– Legen Sie den Hörer am Ende eines Gespräches sanft auf die Gabel. Vielleicht ist Ihr Gegenüber nicht ganz so schnell wie Sie und bekommt sonst zur Verabschiedung einen saftigen Knall zu hören. Das gilt übrigens auch, wenn Sie während eines Gespräches den Hörer ablegen müssen, z. B. um Unterlagen zu holen.

Zusammenfassung: Telefon

Verhaltensregeln:

- beim Melden eigenen Namen nennen,
- Namen des Gesprächspartners merken,
- Lächeln,
- Freundlichkeit,
- langsam sprechen,
- deutlich sprechen,
- Gesprächspartner nicht unterbrechen (außer in Notwehr ...),
- versprochene Rückrufe einhalten,
- Telefon nicht zu lange klingeln lassen.

Teil III
Zeit- und Kostenplanung

Planen gegen Pleiten

Vor jedem großen Unternehmen steht ein Plan. Egal, ob Sie den Mount Everest besteigen oder mit dem Bus in die nächste Stadt fahren wollen – Sie brauchen einen Plan. Genauso ist es auch bei Ihren Werbeaktivitäten.

Planung und Flexibilität schließen sich im übrigen keinesfalls aus. Selbstverständlich müssen Sie auch auf aktuelle Gegebenheiten reagieren können. Aber Ihre Werbemaßnahmen sollen *zielgerichtet* sein und einander ergänzen. Mit spontanen Entscheidungen, mal hier eine Anzeige zu schalten, mal dort einen Handzettel zu verteilen, können Sie das nie erreichen. Und diese Art der Spontaneität kostet Sie Geld: Haben Sie Ihre Maßnahmen geplant, lassen sich z. B. Fotos und Texte so produzieren, daß Sie sie bei möglichst vielen Werbemaßnahmen verwenden können.

Fehlende Planung kann Sie außerdem auch Qualität kosten. Wenn Sie sich nur kurzfristig für eine Werbemaßnahme entscheiden wollen, z. B. Plakatwerbung, werden Sie in den seltensten Fällen noch gute Standorte bekommen. Hektische Entscheidungen, beispielsweise einen Prospekt zu produzieren, der zu einem bestimmten Ereignis unbedingt noch fertig werden muß, schreit förmlich nach Fehlern. Sie können die Texte Ihres Texters kaum in Ruhe korrekturlesen, wenn Ihnen die Druckerei im Nacken sitzt, die innerhalb der nächsten halben Stunde Ihre Freigabe benötigt. Alles, was Sie an Kreativität einkaufen müssen – Text, Graphik –, braucht Zeit. Es sei denn, Sie können sich eine große Agentur leisten, die gleich mehrere Leute an Ihren Auftrag setzen wird.

Nicht zuletzt macht Ihnen ein Plan auch klar, was Sie mit dem zur Verfügung stehenden Budget erreichen können – und was nicht. Damit sind wir auch schon bei dem ersten Punkt Ihrer Planung:

Die List mit den Listen

Sie werden auf den folgenden Seiten viele Listen und Tabellen finden. Das Schöne an dieser Form der Darstellung ist, daß Sie Ihnen beim Denken hilft, weil sie übersichtlich ist. Also fangen wir gleich an mit Liste 1.

Stellen Sie zunächst alle Ziele zusammen, die Sie mit Ihrer Werbung erreichen wollen oder müssen. Das kann dann so aussehen:

Liste 1: Was müssen Sie mit Ihrer Werbung erreichen?

- Unternehmen bekanntmachen,
- Produkte/Dienstleistungen bekanntmachen,
- aktuelle Angebote veröffentlichen,
- Kunden in mein Geschäft holen,
- Presse auf mein Unternehmen aufmerksam machen,
- guten Ruf aufbauen,
- potentielle Kunden ansprechen,
- Menschen ansprechen, die potentielle Kunden kennen (Meinungsbildner).

Aus dieser kurzen Liste zeigen sich schon ganz verschiedene Ziele: *langfristige, mittelfristige und kurzfristige.*

Schauen wir uns erst einmal den Unterschied zwischen *langfristig* und *kurzfristig* an. *Langfristige* Ziele bleiben während Ihrer ganzen Unternehmertätigkeit bestehen. Dazu gehört am Anfang, Ihr Unternehmen bekanntzumachen, einen guten Ruf aufzubauen, später, diese Bekanntheit und Ihren guten Ruf zu erhalten. Wenn Sie beispielsweise einen Handwerksbetrieb haben, spielt es für die Entscheidung Ihrer Kunden, von Ihnen ein Angebot einzuholen, eine sehr große Rolle, ob sie „schon mal von Ihnen gehört haben".

Positives, natürlich. Sind Sie bekannt und haben einen guten Ruf, sind Ihre Kunden oft sogar bereit, einen höheren Preis für Ihre Dienstleistung zu akzeptieren, weil sie sicher sind, einen entsprechenden Gegenwert zu bekommen.

Kurzfristige Ziele sind dagegen eher von wechselnden Gegebenheiten abhängig. Dazu gehört z. B. Ihre Produkte bzw. Dienstleistungen bekanntzumachen. Eindeutig kurzfristig ist auch das Ziel, aktuelle Angebote, z. B. für Sonderaktionen zu veröffentlichen. Auch das Ansprechen potentieller Kunden und das ganz konkrete Anlocken von Kunden in Ihr Geschäft ist ein *kurzfristiges* Ziel, es muß immer wieder von neuem verwirklicht werden.

Meinungsbildner und die Presse für sich zu interessieren, liegt irgendwo dazwischen. Es wird zum kurzfristigen Ziel, wenn es beispielsweise um Ihre Geschäftseröffnung geht, aber grundsätzlich gehören gute Kontakte zu Presse und anderen Menschen, auf deren Meinung „man" Wert legt, zu den langfristigen Zielen.

Schauen wir unsere Liste einmal an, wenn wir die verschiedenen Ziele zugeordnet haben.

Liste 2: Wie schnell müssen Sie Ihre Ziele erreichen?		
kurzfristig	**mittelfristig**	**langfristig**
– Produkte/ Dienstleistungen bekanntmachen, – aktuelle Angebote veröffentlichen, – Kunden in mein Geschäft holen, – potentielle Kunden ansprechen.	– Meinungsbildner ansprechen, – Presse auf mein Unternehmen aufmerksam machen.	– Unternehmen bekanntmachen, – guten Ruf aufbauen.

Alleskönner und Spezialisten

Lassen wir unsere Liste mal einen Moment alleine, und schauen wir uns die Werbemittel an, die Sie bisher kennengelernt haben. Inwieweit eignen sie sich für die Erreichung der verschiedenen Ziele? Die folgende Bewertung orientiert sich dabei ganz klar an der Zielgruppe dieses Buches: kleine und mittelständische Unternehmen, die über ein kleines Werbebudget verfügen.

Anzeigenwerbung

Grundsätzlich für kurzfristige Ziele geeignet. Natürlich läßt sich auch eine gezielte Imagewerbung mittels Anzeigen betreiben. Aufgrund der hohen Kosten sprengt das aber mit Sicherheit Ihr Budget.

Direktmarketing

Hier müssen wir die zwei Bereiche, die wir beim Direktmarketing kennengelernt haben, unterscheiden. Der gezielte Werbebrief ist sicherlich ein gutes Medium für konkrete Angebote und Aktionen, also kurzfristige Ziele. Aber wir haben ja auch Ihre gesamte Korrespondenz unter den Begriff eingeordnet. Und damit trägt sie eindeutig dazu bei, das langfristige Ziel eines guten Kundenkontaktes und damit eines guten Rufes zu erreichen.

Plakatwerbung

Sehr gut für mittel- und langfristige Ziele geeignet. Da das Medium ohnehin nur wenig Informationen transportieren kann, läßt sich hiermit über eine Kombination von Bildern, Ihrem Firmennamen und eventuell noch einer kurzen Aussage sehr gut Bekanntheit erreichen und ein Image aufbauen. Für kurzfristige Angebote nur bedingt geeignet, es sei denn, Sie bekleben die Plakatwände selbst.

Verkehrsmittelwerbung

Ganz klar ausschließlich für langfristige Ziele geeignet – das haben wir schon bei der näheren Betrachtung dieses Mediums in dem entsprechenden Kapitel gesehen. Aufgrund der Vorlaufzeiten in der Produktion und Gestaltung und der langen Mietzeiten können keine aktuellen Informationen vermittelt werden.

Öffentlichkeitsarbeit

Ist grundsätzlich auch eher langfristig angelegt. Für den Aufbau von Bekanntheit und Image sehr wichtig. Kurzfristig nur einsetzbar, wenn Sie wirklich ein „Ereignis" zu bieten haben – z.B. Ihre Geschäftseröffnung. Dann erfüllt sie auch das kurzfristige Ziel, Kunden anzulocken.

Handzettel

Ausschließlich für kurzfristige Ziele einsetzbar. Niemand kann mit Handzetteln ein bestimmtes Image aufbauen oder Meinungsbildner für sich interessieren. Nur für reine Angebotswerbung geeignet und auch da nur unter den im entsprechenden Kapitel angesprochenen Voraussetzungen einzusetzen.

Kinowerbung

Hier gilt das gleiche wie für die Verkehrsmittelwerbung: ausschließlich für langfristige Ziele geeignet.

Radiowerbung

Abgesehen davon, daß dieses Medium, wie bereits erwähnt, für Jungunternehmer nur in den seltensten Fällen geeignet ist: Es kann Image aufbauen helfen, also langfristig wirken. Doch der dafür erforderliche Einsatz ist entschieden kostspielig. Es würde nur funktionieren, wenn Sie Ihren Spot über lange Zeiträume sehr häufig schalten. Eventuell eine Möglichkeit, um auf Sonderaktionen aufmerksam zu machen, die aber, angesichts der erforderlichen Vorlaufzeiten für Produktion und Buchung frühzeitig geplant werden müssen.

Was bedeuten diese neuen Erkenntnisse nun für unsere Ziele?

Liste 3: Welches Werbemittel für welches Ziel?	
Kurzfristige Ziele	*Geeignete Werbemittel*
– Produkte/Dienstleistungen bekanntmachen – aktuelle Angebote veröffentlichen – Kunden in mein Geschäft holen – potentielle Kunden ansprechen	– Anzeigen – Direktmarketing – Handzettel bedingt: – Öffentlichkeitsarbeit – Radiowerbung
Mittelfristige Ziele	
– Meinungsbildner ansprechen – Presse auf mein Unternehmen aufmerksam machen	– Direktmarketing – Öffentlichkeitsarbeit
Langfristige Ziele	
– Unternehmen bekanntmachen – guten Ruf aufbauen	– Plakatwerbung – Verkehrsmittel – Öffentlichkeitsarbeit – Kinowerbung

Sie wissen jetzt also, welche Werbemaßnahmen sich für welche Ziele eignen. Jetzt müssen Sie darangehen, Ihren eigenen, ganz individuellen Plan zusammenzustellen. Da Ihre werblichen Möglichkeiten letztendlich mit Ihren finanziellen untrennbar verbunden sind, stellt sich zunächst einmal die Frage nach Ihrem Budget.

Planen wie die Großen

Sie können Ihren Plan natürlich auch darauf aufbauen, daß Sie einfach mal sammeln und berechnen, was Sie denn gerne machen möchten: ganzseitige Zeitungsanzeigen, 100 Radiospots monatlich und 50 Plakatwände in der ganzen Stadt. An diese Aufgabe setzen Sie die Spitzenagentur Ihrer Region und beauftragen einen bekannten Fotokünstler mit dieser Seite Ihrer Werbung. Sie werden dann feststellen, daß Sie auf diese Weise sehr schnell bekanntwerden, und der Absatz Ihrer Produkte oder Dienstleistungen kurzfristig rapide steigt. Leider haben Sie davon nicht sehr viel, denn Sie haben für diese Aktivitäten das fünffache Ihres erwarteten Jahresumsatzes investiert und sind bereits beim Beginn der Kampagne pleite. Also gehen wir das Ganze doch lieber etwas realistischer an.

Große Unternehmen berechnen ihr Marketingbudget als Prozentsatz ihres geplanten Jahresumsatzes. Dieses „geplante" ist ein wichtiges Wort: Nicht etwa der bisher schon erzielte Jahresumsatz ist die Grundlage, sondern das Ziel für das kommende Jahr. Das macht auch Sinn, wenn Sie davon ausgehen, daß Sie für mehr Umsatz auch mehr tun müssen. Diese Berechnungsgrundlage wird üblicherweise allerdings nur angewandt, wenn ein Unternehmen bereits am Markt tätig ist. Für Neulinge gelten andere Voraussetzungen, da Sie bei Null anfangen und erst einen Platz für Ihr Unternehmen in dem Markt finden müssen.

Es gibt also zwei Möglichkeiten des Vorgehens für Sie: Entweder haben Sie ohnehin nur eine bestimmte Summe zur Verfügung und müssen entscheiden, was Sie damit machen. Oder Sie entscheiden sich für die notwendigen Werbemaßnahmen und schauen sich dann die Kosten an. Sind sie zu hoch, wird der Rotstift angesetzt. Anhand des folgenden Beispiels können Sie den für Sie richtigen Weg finden und zudem noch einige weitere nützliche Planungsmöglichkeiten kennenlernen.

Schreib' mal wieder – für andere

Martina Schulze will in ihrem Heimatort Burgstadt ein Schreibbüro eröffnen. Sie ist seit zehn Jahren Sekretärin, fit auf allen Computern und hat in dem Haus, in dem sie mit ihrer Familie wohnt, genügend Platz, um sich ein eigenes Büro einzurichten. Sie weiß aus ihrer Erfahrung in verschiedenen Unternehmen, daß bei Urlaub der Mitarbeiter oder auch größeren Aufträgen und Projekten immer Engpässe eintreten. In Burgstadt hat sich mittelständische Industrie in nicht unerheblichem Umfang angesiedelt, bei der dieses Problem auch entsteht, wo man aber keine teuren Zeitarbeitskräfte bezahlen kann und will. Außerdem hat sich Martina bei der Industrie- und Handelskammer und der Handwerkskammer eine Liste der ortsansässigen Unternehmen besorgt. Dort konnte sie sehen, daß es in Burgstadt viele Selbständige gibt – Architekten, Steuerberater, Anwälte, Werbetexter, Grafiker usw. Auch hier sieht Martina eine Chance für ihr Schreibbüro, da diese Leute oft keine eigene Sekretärin beschäftigen können bzw. die einzige Sekretärin in Spitzenzeiten hoffnungslos überlastet ist. Die Nachforschungen der Jungunternehmerin haben zudem ergeben, daß es in dem 50 000-Einwohner-Ort Burgstadt nur ein weiteres Schreibbüro gibt.

Der Weg in die Selbständigkeit ist von Martina Schulze also gut vorbereitet worden, und sie hat alle Voraussetzungen, damit erfolgreich zu werden. Jetzt stellt sich nur noch die Frage: Wie kommt Martina Schulze an ihre Kunden? Da sie das Buch „Werbung für Einsteiger" gelesen hat, erstellt sie zunächst einmal eine *Liste mit den Zielen*, die sie für ihr junges Unternehmen erreichen muß:

1. Unternehmen bekanntmachen bei potentiellen Kunden,
2. Dienstleistung bekanntmachen bei potentiellen Kunden,
3. viele Kunden gewinnen,
4. einige Kunden als Dauerkunden gewinnen,
5. zusätzlich immer neue Kunden gewinnen,
6. guten Ruf aufbauen.

Der nächste Schritt ist die *Einordnung dieser Ziele in kurzfristige, mittelfristige und langfristige* Ziele: Nr. 1 – 3 sind kurzfristige Ziele, Nr. 4 ist ein mittelfristiges Ziel, Nr. 5 hat sowohl kurzfristig wie auch langfristige Bedeutung und Nr. 6 ist ein mittel- bis langfristiges Ziel.

Verlockend für Kunden – die richtige Werbung

Nun schaut sich unsere Jungunternehmerin die Werbemöglichkeiten an und überlegt, ob sie für ihr Unternehmen geeignet sind:

Anzeigenwerbung

Diese Art der Werbung ist in den Tageszeitungen zu teuer für Martinas kleines Unternehmen. Da sie ja, zumindest in der Anfangsphase, ständig auf neue Kunden angewiesen ist, müßte sie permanent Anzeigen schalten und das kann sie sich nicht leisten. Interessant ist jedoch die Anzeigenschaltung in den Zeitschriften der Industrie- und Handelskammer und der Handwerkskammer: Diese Publikationen gehen genau an ihre potentiellen Kunden – die regionalen Unternehmen.

Direktmarketing

Für Martina ist klar, daß das ihre wichtigste Art der Werbung sein wird. Sie kostet außer dem Porto und dem Briefpapier nichts, außer Zeit, und mit dieser Art der Werbung lassen sich die potentiellen Kunden direkt erreichen. Zudem paßt es hervorragend zu ihrem Angebot: Wie kann sie ihren potentiellen Kunden besser die Qualität ihrer Arbeit zeigen, als mit einem Beispiel? Auch zur Aufrechterhaltung des Kontakts eignen sich Briefe sehr gut.

Um das Medium Direktmarketing sinnvoll einzusetzen, muß Martina allerdings mehr erfahren, als nur den Namen des Unternehmens. Anhand der Firmenliste der Kammern telefoniert Martina alle größeren Unternehmen ab und erfragt die Namen der Abteilungsleiter. Wenn sie sich nur an die Personalabteilung wendet, läuft sie nämlich Gefahr, daß in vielen Unternehmen die einzelnen Abteilungen selbst Aushilfskräfte anfordern und die Personalabteilung gar nicht eingeschaltet ist. Damit sie diese Informationen problemlos bekommt, ruft Martina mehrfach bei den Unternehmen an und fragt die Telefonzentrale jeweils nur nach einem oder zwei Namen – sämtliche Namen auf einmal würde man ihr wohl kaum mitteilen. Bei den Selbständigen vergewissert sich die Jungunternehmerin nur, daß der Name des Inhabers und die Adresse noch stimmen.

Plakatwerbung

Martina Schulze sieht auch in dieser Art der Werbung eine Möglichkeit. Es gibt in der Nähe einiger großer Unternehmen in Burgstadt Plakatwände, so daß die Mitarbeiter automatisch jeden Tag an Martinas Werbung vorbeifahren würden.

Verkehrsmittelwerbung

Nicht geeignet, da für Martinas Möglichkeiten entschieden zu teuer. Außerdem spricht es nicht die gewünschte, sehr kleine Zielgruppe an.

Öffentlichkeitsarbeit

Martina sieht wenig Möglichkeiten, dieses Medium für ihr Schreibbüro zu nutzen. Eine Pressemitteilung zur Eröffnung sieht sie jedoch vor.

Handzettel

Eigentlich erscheint Martina Schulze diese Art der Werbung sehr sinnvoll, weil es zumindest bei den Selbständigen und Kleinunternehmen
gut einzusetzen und sehr billig ist. Aber sie entscheidet sich dagegen,
da es nicht den Eindruck von Qualität vermittelt, den sie für ihr Unternehmen in Anspruch nimmt.

Kinowerbung

Ebenfalls nicht geeignet, weil die Zielgruppe nicht die Richtige ist.

Radiowerbung

Hier gilt das gleiche wie für die Anzeigenwerbung in Tageszeitungen
und die Verkehrsmittelwerbung: zu teuer, falsche Zielgruppe.

Ran an den Plan

Jungunternehmerin Martina Schulze weiß also nun, welche Art der
Werbung sie machen will:

- Anzeigen in den IHK und HWK-Zeitschriften,
- Direktmarketing,
- eventuell Plakatwerbung.

Jetzt muß sie sich einen Plan machen, um festzulegen, wann sie welche Art der Werbung einsetzen will und was sie das kostet. Bei den
Anzeigen ist sie an die Erscheinungstermine der Zeitschriften gebun-
den, bei der Plakatwerbung an die Beklebungstermine. Nur die Werbebriefe sind von Terminen unabhängig. Grundsätzlich ist Martina klar,
daß sie zu Beginn ihrer Unternehmenstätigkeit sehr stark werben muß,
um sich einen erforderlichen Kundenstamm aufzubauen. Auch der Inhalt der Werbung ist ganz klar auf die Gewinnung von Kunden ausge-
richtet. Nach dieser Anfangsphase wird dann eine Mischung aus Kundengewinnung und Kundenpflege erforderlich sein: Das Unternehmen
braucht immer wieder „Nachschub", um abgesprungene oder unregel-
mäßige Kunden zu ersetzen. Aber sowohl regelmäßige als auch spora-
dische Auftraggeber müssen gepflegt werden, damit Martina Schulzes
Unternehmen nicht in Vergessenheit gerät.

Keine Zeit verlieren: Der Terminplan

Die Planung sollte ein komplettes Jahr umfassen. Martinas Sprung in die Selbständigkeit findet zum 1. 1. statt, so daß sie ein normales Kalenderjahr verplanen kann. Aufgrund der vierwöchigen Erscheinungsweise der Kammerzeitschriften wird sie jedoch ihre erste Anzeige bereits im Dezember schalten, da die erste Ausgabe im kommenden Jahr erst Mitte Januar erscheint. Das gleiche gilt auch für die Pressemitteilung, die zum Start ihres Unternehmens am 2. Januar erscheinen soll.

Um ihre Planung etwas übersichtlicher zu machen, hat Martina sich Kürzel für die verschiedenen Werbemaßnahmen ausgedacht: „A" steht naheliegender Weise für Anzeigen.

Da sie eventuell mehrere verschiedene Anzeigenmotive einsetzen möchte, hat sie diese numeriert. „W" steht ebenso offensichtlich für Werbebrief. Diese Briefe sind nochmals gekennzeichnet, je nachdem, ob sie dazu dienen, neue Kunden zu gewinnen („NW") oder bestehende Kunden zu pflegen („KW"). Die Plakatwerbung erhält das „P", die Öffentlichkeitsarbeit (PR) das „Ö".

Außerdem plant Martina in den Sommermonaten Juli/August eine „Werbepause" ein.

Vorläufige Planung der Werbemaßnahmen

Kalenderwoche	Anzeige		Werbebrief	Plakatwerbung	PR
	IHK	HWK			
51/99	A 1	A 1			
52/99					Ö
01/00			NW 1		
02					
03			KW 1		
04	A 1	A 1			
05			NW 1	P 1	
06					
07			KW 2	P 1	
08	A 1	A 1			
09			NW 1	P 1	
10					
11			KW 3		
12	A 2	A 2			
13			NW 1		
14					
15			KW 4		
16	A 2	A 2			
17			NW 1		
18					
19			KW 5		
20	A 2	A 2			
21			NW 1		
22					
23			KW 6		
24	A 3	A 3			
25			NW 1		
26					
27			KW 7		
28	A 3	A 3			
29					
30					
31					
32					
33					
34					
35					
36	A 3	A 3			
37			NW 1		
38					
39			KW 8		
40	A 4	A 4			
41			NW 1		
42					
43			KW 9		
44	A 4	A 4			
45			NW 1		
46					
47			KW 10		
48	A 4	A 4			
49			NW 1		
50					
51			KW 11		
52					

Runter kommen Sie immer: Der Kostenplan

Jetzt ist die nächste Aufgabe, den geplanten Werbemaßnahmen die entsprechenden Kosten zuzuordnen.

Anzeigen in Kammerzeitschriften

Insgesamt sind jeweils 12 Anzeigen in den beiden Kammerzeitschriften geplant. Anzeigen im Format 90 mm breit, 50 mm hoch, schwarz/weiß, kostet in der regionalen IHK-Zeitschrift 385 DM, bei der HWK 325 DM.

Damit belaufen sich die Anzeigenkosten auf 8 520 DM pro Jahr. Dazu kommen noch 2 000 DM für die Gestaltung der vier Anzeigenmotive, die die Unternehmerin geplant hat. Das ist Martina Schulze viel zu viel und sie entscheidet, zum einen auf die Anzeigen in der Zeitschrift der Handwerkskammer zu verzichten, da das Potential möglicher Auftraggeber bei der Industrie wesentlich größer ist. Außerdem wird sie die IHK-Anzeigen nur jeden zweiten Monat schalten. Damit bleiben sechs Anzeigen pro Jahr à 385 DM. Das ergibt 2 310 DM. Sie vereinbart mit dem Verlag der IHK-Zeitschrift, daß die hauseigenen Grafiker ihr einen Vorschlag für die Anzeigengestaltung machen, so daß die Gestaltungskosten entfallen.

Werbebriefe

Martina Schulze hat 95 Adressen von Unternehmen in Burgstadt von der IHK und HWK bekommen. Sie wird sie nicht alle gleichzeitig anschreiben, da sie bei Interesse so viele Aufträge gar nicht bewältigen könnte. Also teilt sie sich das Adressenmaterial ein, mit dem Ziel, im Laufe des kommenden Jahres alle Unternehmen angeschrieben zu haben. Die Portokosten dafür belaufen sich auf rund 100 DM. Dazu kommen die Briefe, die sie zur Kundenpflege an die bestehenden Kunden schicken wird. Martina kann diese Zahl natürlich nur schätzen, hofft aber, auf insgesamt 30 Kontakte zu kommen. Manche davon werden ihr sicherlich nur einmal einen Auftrag erteilen, sollten aber trotzdem mit in die Kundenpflege einbezogen werden – man weiß ja nie … Da die Zahl ihrer Kunden nur langsam steigt, plant Martina mit ca. 150 bis 200 Kundenpflegebriefen für das kommende Jahr und Portokosten von 220 DM.

Dazu kommen die Kosten für einen Texter, der pro Brief 200 DM verlangt. Bei einem Brief zur Werbung der Neukunden und 11 verschiedenen Briefen zur Kundenpflege sind das 2 400 DM. Auch diese Summe übersteigt ihr Budget und Martina entscheidet sich, zunächst nur sechs verschiedene Kundenpflege-Versionen einzuplanen. Sie traut sich aufgrund ihrer Erfahrung zu, die folgenden Briefe dann selbst zu schreiben. Außerdem will sie sich nach einer entsprechenden Schulung bei der IHK erkundigen. Es bleiben also 1 400 DM für diesen Bereich übrig.

Plakate

Martina Schulze hat direkt an den beiden Einfahrten zum Industriegebiet, die zudem noch an einer sehr verkehrsreichen Durchgangsstraße liegen, Plakatwände entdeckt. An jeder Einfahrt will sie für 3 × 10 bzw. 11 Tage eine Großfläche mieten. Allerdings nur in der Anfangsphase ihres Unternehmens, also während der ersten beiden Monate. Jede Plakatwand kostet sie 16 DM pro Tag, das sind für den gesamten Werbezeitraum und beide Tafeln 1 024 DM.

Erkundigungen bei Grafikern haben ergeben, daß die Gestaltung und der Druck eines Motivs für die Plakatwerbung rund 2 000 DM kosten würde. Wieder entscheidet sich Martina Schulze für eine kostengünstigere Alternative. Sie beschließt, bei der Entwicklung der Anzeigen für die Kammerzeitschriften auch die Tauglichkeit des Motivs für die Plakate im Auge zu behalten. Die Plakate werden also schwarz/weiß, was zudem den Druck billiger macht: pro Plakat 300 DM. Da Martina angesichts der schlechten Witterung im Januar und Februar jeweils ein Ersatzplakat vorsieht, belaufen sich die Gesamtdruckkosten für die vier benötigten Plakate auf 1 200 DM.

Gesamtkosten

Damit ergibt sich folgende Rechnung:

Anzeigenwerbung: 6 Anzeigen in der IHK-Zeitschrift:	2 310 DM
Briefe zur Neukundengewinnung:	100 DM
Briefe zur Kundenpflege:	220 DM
Gestaltungskosten:	1 400 DM
Schaltungskosten Plakate:	1 024 DM
Druckkosten Plakate:	1 200 DM
Gesamtkosten	**6 254 DM**

Umgerechnet bedeutet das rund 521 DM pro Monat – eine durchaus erträgliche Belastung für die junge Unternehmerin.

Das Ergebnis all dieser Überlegungen ist ein neuer Werbeplan, der wie folgt aussieht:

Abgeschlossene Planung der Werbemaßnahmen

Kalenderwoche	Anzeige IHK	HWK	Werbebrief	Plakatwerbung	PR
51/99	A 1				
52/99					Ö
01/00			NW 1		
02					
03			KW 1		
04	A 1				
05			NW 1	P 1	
06					
07			KW 2	P 1	
08					
09			NW 1	P 1	
10					
11			KW 3		
12	A 2				
13			NW 1		
14					
15			KW 4		
16					
17			NW 1		
18					
19			KW 5		
20	A 2				
21			NW 1		
22					
23			KW 6		
24					
25			NW 1		
26					
27			KW 7		
28					
29					
30					
31					
32					
33					
34					
35					
36	A 3				
37			NW 1		
38					
39			KW 8		
40	A 3				
41			NW 1		
42					
43			KW 9		
44	A 3				
45			NW 1		
46					
47			KW 10		
48					
49			NW 1		
50					
51			KW 11		
52					

Teil IV
Anhang

Auflösung

Kamen Ihnen die Zwischenüberschriften in den Kapiteln merkwürdig vertraut vor? Kein Wunder – alles nur geklaut! Es handelt sich um Werbeslogans, im Original oder etwas abgewandelt.

Hier sind sie nochmal in der Reihenfolge ihres Auftritts mit den dazugehörenden Firmen:

- Test the West / West
- Da weiß man, was man hat / Volkswagen + Persil
- Qualität aus deutschen Landen / CMA
- Wenn's um Geld geht, Sparkasse / Sparkasse
- Alles Müller, oder was? / Müllermilch
- Eine Klasse für sich / Kamillosan
- Aus Erfahrung gut / AEG
- Der Duft der großen weiten Welt / Stuyvesant
- Über den Tag hinaus / USM Haller
- Quadratisch, praktisch, gut / Ritter Sport
- Das einzig Wahre / Warsteiner Bier
- Manchmal muß es eben Mumm sein / Mumm Sekt
- Die Milch macht's / CMA
- Leider teuer /René Lezard
- So einfach geht das / Tefal
- Die Milch zum Anbeißen / Nestlé Die Weiße
- Wir halten Ihr Versprechen / DHL
- Otto? Find ich gut / Otto Versand
- Die Kraft der zwei Herzen / Biovital
- Der Ehrliche ist der Dumme / Buchtitel Ulrich Wickert
- Das grüne Band der Sympathie / Dresdner Bank
- Auf diese Steine können Sie bauen / Schwäbisch Hall
- Nicht immer, aber immer öfter / Clausthaler
- Sie haben es sich verdient / TUI
- Kaiser's gehört dazu / Henninger Kaiser Pilsner
- Heute ein König / König Pilsner
- Die tolle Kiste / Fiat Panda
- Meine Quelle / Quelle Versand
- Das Gesicht in der Menge / Lancia
- Alles, was ein Bier braucht / Clausthaler
- Es geht nicht ohne / freundin
- Schneller auf den Punkt / focus

- Nichts ist unmöglich / Toyota
- Soviel Druck muß sein / Hewlett Packard
- Technik, die begeistert / Opel
- Hier kocht der Chef / unbekannter Restaurantbesitzer
- Damit es Schmusewolle bleibt / Perwoll
- Mehr vom Leben / Hamburg Mannheimer
- Just do it / Nike
- Das beste ist eine gute Versicherung / Signal Versicherung
- Ein Platz an der Sonne / Fernsehlotterie
- Hoffentlich Allianz versichert / Allianz Lebensversicherung
- Der Rivale / Peugeot
- Die neue Erfahrung / Ford
- Ihr guter Stern auf allen Wegen / Mercedes Benz
- Er läuft und läuft und läuft … / VW
- Neckermann macht's möglich / Neckermann
- So sanft kann Stärke sein / Thierry Mugler
- Wenn einem so viel Gutes widerfährt / Asbach Uralt
- Bei uns sitzen Sie immer in der ersten Reihe / ARD – ZDF
- Die Entscheidung fürs Leben / Miele
- Du denkst an alles / Tefal
- Einer für alle / Jägermeister
- Vorsprung durch Technik / Audi
- Die volle Kraft des Kornes / Lieken Urkorn
- Nichts wie weg / LTours
- Es kommt drauf an, was man draus macht / Beton
- Der Sekt mit dem gewissen Extra / MM Sekt
- Die lila Pause / Milka
- Bringt Spannkraft ins Haar / Schamtu Shampoo
- Ein Fest für die Sinne / Chipsletten
- Grüne Küche / Iglo
- Freude am Fahren / BMW
- Einfach riesig, der Kleine / Peugeot
- Dabei sein ist alles / Olympisches Motto
- Wer wird denn gleich in die Luft gehen? / HB
- Schöne neue Welt / Buchtitel Aldous Huxley
- Come in and find out / Douglas
- Wer sie liest, sieht mehr / Süddeutsche Zeitung
- Kein Wunder! Frisches Veltins / Veltins
- Gut für Ihr Geld / Adig Gruppe
- Wann immer Sie bereit sind / VH–1

- Der eine hat's – der andere nicht / D2 Mobilfunk
- Fakten. Fakten. Fakten / Focus
- Sonst nichts / Lucky Strike
- Qualität ist das beste Rezept / Dr. Oetker
- Recycling lebt vom Mitmachen / Der grüne Punkt
- Verrückt nach Leben / Club Mediterranée
- Nur Küsse schmecken besser / Eckes Edelkirsch
- Das kleine Wunder gegen Fett / Fairy Ultra
- Bezahlen Sie einfach mit Ihrem guten Namen / American Express
- Maggi macht das Essen gut / Maggi
- Soviel Geschmack muß sein / Camel
- Katzen würden Whiskas kaufen / Whiskas
- Das freundliche Alt / Diebels Alt
- Ein Diamant ist unvergänglich / De Beers

Literatur

Adressen

Beuth-Verlag
Burggrafenstraße 6
10787 Berlin
Telefon (0 30) 26 01 22 60
Telefax (0 30) 26 01 12 60

Fachverband Außenwerbung e. V.
Ginnheimer Landstraße 11
60487 Frankfurt am Main
Telefon (0 69) 70 90 59
Telefax (0 69) 7 07 49 69

FDW Werbung im Kino e. V.
Charlottenstraße 43
40210 Düsseldorf
Telefon (02 11) 16 40 733
Telefax (02 11) 16 40 833

für

DIN-Vorschriften 676 + 5008
für moderne Briefregeln.
www.din.de/menu/beuth

Informationen über Plakat-
und Verkehrsmittelwerbung
und anbietende Unternehmen
www.faw-ev.de

Informationen über
Kinowerbung

Bevor Sie sich in Unkosten für diese Nachschlagewerke stürzen (weit über 100 DM!): In größeren Städten finden Sie sie auch in Leihbüchereien.

„Taschenbuch des öffentlichen
Lebens"
Herausgeber: Prof. Dr. Albert Oeckl
Festland Verlag, Bonn

Adressen von Ministerien,
Verbänden, Vereinen,
Organisationen etc.

„Stamm Presse- und
Medienhandbuch"
Stamm-Verlag, Essen

Adressen, Preise, Auflagen
und viele andere Angaben zu
allen Werbemöglichkeiten.
www.stamm.de

Stichwortverzeichnis

Wie man Unternehmen einen guten Ruf verschafft

Public Relations bzw. Öffentlichkeitsarbeit wird von immer mehr Unternehmen neben der Werbung als strategisches Mittel der Kommunikation erfolgreich eingesetzt.
Die Autorin führt den Leser Schritt für Schritt in die Welt der Public Relations ein. Sie „illustriert" die einzelnen Bausteine professioneller PR mit lebendigen Fallbeispielen.
Viele anschauliche Ratschläge unterstreichen den Praxisbezug dieses Buches.
Vor allem Führungskräften kleiner und mittlerer Unternehmen bietet dieser Leitfaden viele wertvolle Informationen. Aber auch Studierende der Kommunikationswissenschaften und Sprecher von Bürgerinitiativen, Vereinen oder Non-Profit-Organisationen finden in dem praxisnahen Ratgeber nützliche Tips.

Claudia Cornelsen
Das 1x1 der PR
Öffentlichkeitsarbeit leicht gemacht
242 Seiten, Broschur
DM **48,–**
Bestell-Nr. 00057/020
ISBN 3-448-03562-9

Zu beziehen über Ihre Buchhandlung oder unter:
Haufe Verlag, 79091 Freiburg
Telefon 07 61/470 88 77
Telefax 07 61/470 88 33

CompuServe: 100117,2260
Internet: http://www.haufe.de
E-Mail: online@haufe.de

Ihr Auftritt im World Wide Web.

Die Präsenz im Internet ist heute für Unternehmen weit mehr als eine Prestigefrage. Als Marketing- und Vertriebsinstrument eingesetzt, kann ein großes Spektrum abgedeckt werden: von der Marktforschung über die Kundengewinnung und -bindung bis hin zum Verkauf über das Internet.

Dieses Buch beschränkt sich nicht auf die Darstellung von Fakten und Basiswissen, es zeigt vielmehr realistische Chancen, umsetzbare Konzepte auf und gibt praktische Anwendungstips.

Hinweise zur Rechtsproblematik im Internet, ein Glossar der Fachbegriffe und viele nützliche Adressen im WWW machen das Buch zu einem Arbeitshandbuch und praktischen Ratgeber.

Edda Bhattacharjee
Profi-Marketing im Internet
Erfolgreiche Strategien, Konzepte und Tips
2. Auflage 1998,
216 Seiten, Broschur
DM **48,–**
Bestell-Nr. 00059/020
ISBN 3-448-03800-8

Die Autorin:
Edda Bhattacharjee ist seit 1992 selbständig als wissenschaftliche Informationsvermittlerin tätig. In eigener Regie und mit namhaften Veranstaltern führt sie Praxisseminare zu den Neuen Medien durch. Sie ist Autorin zahlreicher Publikationen zur Entwicklung von Datenbanken und Multimedia-Netzwerken.

Zu beziehen über Ihre Buchhandlung oder unter:
Haufe Verlag, 79091 Freiburg
Telefon 07 61/470 88 77
Telefax 07 61/470 88 33

CompuServe: 100117,2260
Internet: http://www.haufe.de
E-Mail: online@haufe.de